Marie von Ebner-Eschenbach · Parabeln und Märchen

DEUTSCHE BIBLIOTHEK DES OSTENS

Herausgegeben
von
Karl Konrad Polheim und Hans Rothe

Nicolai

MARIE VON EBNER-ESCHENBACH

Parabeln und Märchen

Herausgegeben
von
Norbert Gabriel

Nicolai

In Verbindung mit der Kommission zum Studium der deutschen Geschichte und Kultur im Osten an der Universität Bonn

Lektorat: Carolin Hilker-Siebenhaar, Katrin Wiethege
Umschlagbild: Gustav Klimt, Die Erwartung (Skizze zum Fries für das Palais Stoclet in Brüssel; Ausschnitt), 1905–1909; Österreichisches Museum für angewandte Kunst, Wien
Satz: Mega-Satz-Service, Berlin
Druck und Bindung: Passavia GmbH, Passau

Printed in Germany
ISBN 3-87584-436-X

Die Mußmenschen.

Ein zum Tode verurteilter Verbrecher entsprang seiner Haft kurz vor dem Tage, an welchem er hingerichtet werden sollte, und gelangte auf der Flucht in ein wildes Bergland, dessen Geklüfte ihm Schutz vor den verfolgenden Häschern bot. Als der Hunger ihn zwang, seinen Schlupfwinkel zu verlassen und einen wirtlicheren Aufenthalt zu suchen, führte ihn sein Weg zu der Hütte eines alten Ziegenhirten, der dem halb Verschmachteten Gastfreundschaft gewährte. Der Alte wurde gesprächig, und erzählte unter anderem von einem merkwürdigen Lande, in welchem er viele Jahre seines Lebens zugebracht hatte. – In diesem Lande, sagte er, herrsche der Glaube an die Unfreiheit des menschlichen Willens. Dort maße sich keiner das Recht an, seinen Nächsten zur Verantwortung zu ziehen; niemand schreibe sich ein Verdienst zu; niemand zeihe sich einer Schuld; den Begriff von Gut und Böse gebe es nicht; es gebe kein Tun, sondern nur ein Geschehen; die Handlungen der Menschen werden genau so betrachtet, wie Naturereignisse, als die notwendigen Folgen unabsehbarer, von Ewigkeit her wirkender Ursachen.

„So gibt es in dem Lande weder Gesetz noch Richter?" fragte der Verbrecher.

„Weder Gesetz noch Richter", antwortete der Hirt.

„Und Mord und Raub, wie werden sie beurteilt?"

„Nicht anders, als wie man Sturm und Wetterschlag beurteilt."

Da hatte der Verbrecher eine große Freude und rief: „Das ist ein Land für mich, in dem hätte ich geboren werden sollen. Dahin will ich gehen."

Sofort erkundigte er sich nach dem Weg, den er einzuschlagen habe, trat die Wanderung an und erreichte nach vielen Abenteuern und Fährlichkeiten eines schönen Sommermorgens glücklich sein Ziel.

Er betrat ein blühendes, sorgfältig bebautes Land. In der Nähe eines freundlichen Dorfes waren viele Leute mit dem Mähen einer herrlichen Wiese beschäftigt. Die Männer führten die Sense, die Frauen den Rechen, alle arbeiteten eifrig und mit sichtbarem Vergnügen.

Wie merkwürdig! dachte der Verbrecher, und fragte einen der Mäher: „Freund, warum plagst du dich?"

„Weil ich muß", antwortete jener.

„So? und wer zwingt dich?"

„Wer? Du meinst wohl, w a s mich zwingt. Mich zwingt das angeerbte Bedürfnis des Fleißes, mich zwingt die Einsicht, daß ich arbeiten muß, da ich leben muß."

„Habt ihr denn hierzulande keine reichen Leute, denen ihr wegnehmen könntet, was ihr braucht um zu leben, und noch etwas darüber?"

„Da würden wir", erhielt er zur Antwort, „dem Toren gleichen, der seiner goldene Eier legenden Henne den Hals abschnitt. So unvernünftig müssen nur Halbwilde handeln; wir sind ein uraltes Kulturvolk und müssen das Vernünftige tun."

Kaum waren diese Worte gesprochen, als sich plötzlich ein Geschrei erhob, das durchaus nichts Kultiviertes hatte. Eine kleine hübsche Frau war mit ihrem Mann in Streit geraten und drosch mit den Fäusten, so stark und so schnell sie konnte, auf ihn los. Er wehrte sich nicht.

„Alle Wetter", sagte der Verbrecher, „diese Frau hagelt ja."

„Zu Zeiten. Die Motive, von denen sie veranlaßt wurde, als immerwährender Sonnenschein an unserem Ehehimmel zu prangen, wirken leider noch nicht permanent", entschuldigte der Geprügelte und machte ein sehr trauriges Gesicht, als jetzt ein hochgewachsenes Weib auf die kleine Frau zutrat, ihr trotz ihres Sträubens die Hände auf den Rücken band und sie wegführte.

Der Verbrecher allein hatte diesem Vorgang mit Neugier und Schadenfreude zugesehen; alle übrigen schenkten ihm nur geringe und unlustige Aufmerksamkeit.

Die Raststunde war gekommen; die Mäher ließen sich ins Gras nieder und begannen das Mittagessen, das Frauen und Kinder aus dem Dorfe herbeigebracht hatten, gemeinsam zu verzehren. Der Verbrecher setzte sich zu dem betrübten Ehemann, der nicht aufhören konnte, von seiner Gattin zu sprechen.

„Sie hat ihre Mutter früh verloren“, erzählte er, „und ist vom Vater aus schwer belastet mit ererbtem moralischen Siechtum. Der Einfluß unserer Schule, dieses herrlichen Gartens, in welchem junge Menschenblumen unter der Leitung großer Künstler und Denker zur Entfaltung des schönsten Müssens herangebildet werden, hat sich als unzureichend zur Besiegung des Übels meiner armen kleinen Frau erwiesen.“

„Deine männliche Oberherrlichkeit desgleichen“, spottete der Verbrecher. „O, du Starker, du Langmütiger! wie geduldig hast du dich mißhandeln lassen von einem schwachen Weiblein! Welchen Lohn gibt es bei euch für solche Tugend?“

„Lohn? Tugend?“ erwiderte man ihm; „haben die Bewohner deines Landes nichts gelernt in der Flucht der Jahrtausende? Klebt man bei euch noch an so kindischen Begriffen? Wir sind ein uraltes Kulturvolk und wissen von ihnen längst nichts mehr.“

Diese Entgegnung ergötzte den Verbrecher, und er sprach nun den Wunsch aus, zu erfahren, wohin die kleine Frau, die so hübsch hageln konnte, geführt, und wer diejenige gewesen, von der sie abgeholt worden.

„Eine Krankenwärterin“, antwortete der Mann, „und sie hat meine Frau ins Spital bringen müssen.“

„Ist sie denn krank?“

„Gewiß. Hast du nicht gesehen, daß sie eine Krankheit hat, durch die sie gezwungen wird, mich zu schlagen?“

„Krankheit nennt ihr das?“ rief der Verbrecher; „nun, wenn sie eine Krankheit hat, die sie zwingt, zu schlagen, habe ich eine Gesundheit, die mich zwingt, zu essen. So nehm' ich denn ungeladen an eurem Mahle teil.“

Damit griff er in die Schüsseln, langte nach den Gläsern und aß und trank für Zehn.

Die Mußmenschen schienen erstaunt, ließen ihn jedoch gewähren. Als die Raststunde zu Ende war, gaben sie ihm eine Sense in die Hand und sagten: „Du hast gegessen, jetzt arbeite!“

Aber davon wollte er nichts hören. Er behauptete, sich fortwährend ausruhen zu müssen, bis zu dem Augenblick, in dem eine zusagende Tätigkeit sich ihm eröffne.

Die Arbeiter gingen wieder an ihre Beschäftigung; er blieb bei den Mädchen und Frauen zurück, die das Ordnen des Eßzeuges besorgten, fing an mit ihnen zu schäkern, machte einem jungen Weibe Liebesanträge und wollte, als dieselben abgewiesen wurden, sofort Gewalt brauchen.

Die Frauen riefen nach Hilfe; einige Männer stürzten herbei und entrissen dem Verbrecher sein Opfer. Da geriet er in Wut, zog sein Messer und konnte erst nach heftigem Kampf niedergeworfen und gebändigt werden.

Je wilder er gerast hatte, desto schonender war man mit ihm umgegangen. Alle bedauerten ihn: „Glücklich, die eines heilsamen Müssens sind“, sprachen sie. „Du bist es nicht; dein Benehmen ist gemeinschädlich und macht dich reif für das große Spital.“

Und wirklich wurde er nicht in das kleine Dorfspital, sondern nach dem Hauptspital in die Stadt gebracht.

Dort übernahm ihn ein Krankenwärter und führte ihn eine breite Treppe empor durch einen langen Gang, auf den viele Türen mündeten. An jeder Tür hing ein Rähmchen, und in jedem Rähmchen stak ein Rezept. Hinter den Türen hörte man jämmerlich klagen und stöhnen.

Dem Verbrecher wurde unheimlich zumute, und kleinlaut erkundigte er sich, was denn da geschehe?

„Es werden Erinnerungszeichen gepflanzt, lies nur die Rezepte."

Und er las: Dreimal täglich fünf Rutenstreiche. – Allabendlich zwölf Stockprügel. – Vierzehn Tage bei Wasser und Brot ... usw.

„Wie nennt ihr das?" rief er, „Erinnerungszeichen pflanzen? ... Hol' euch der Teufel!"

„Ich kenne die Wurzel nicht, aus der ihm ein zureichender Grund dazu erwüchse", versetzte der Wärter. „Die Erinnerungszeichen, die hier gepflanzt werden, verfehlen ihre Wirkung selten. Sie treiben so zwingende gesunde Motive, daß dieselben fast regelmäßig genügen, die ungesunden, die etwa in dem Rekonvaleszenten wieder auftauchen müßten, zu überwinden."

„Wenn sie aber nicht genügen?"

„Dann wird die Kur wiederholt, so oft wiederholt, bis der Eintritt der gesunden Motive das Selbstverständliche wird und die ungesunden, immer weiter zurückgedrängten, sich endlich gar nicht mehr melden."

„Wenn sie sich aber durchaus nicht zurückdrängen lassen?"

„Dann geht der Kranke den Weg der Unheilbaren."

„Was ist das für ein Weg?"

„Das ist der Weg zum Richtplatz."

„Pfui!" sagte der Verbrecher, „pfui! einen Richtplatz habt

ihr auch?" Er sprach seinen Abscheu gegen dieses letzte Mittel und gegen die ganze Motiv treibende Behandlung aus; der Wärter jedoch zuckte die Achseln und versetzte:

„Was ist zu tun? Wir Menschen sind einmal angewiesen, in Gesellschaft zu leben, und da wir es sind, müssen wir suchen, dieses Zusammenleben möglichst gedeihlich zu gestalten. Nun hat die Erfahrung uns gelehrt, das geschähe am besten, wenn Frieden, gegenseitige Rücksicht und Hilfbereitheit unter uns herrschen. So haben wir denn die ganze Kraft unseres Müssens auf die Erfüllung jener Bedingungen der allgemeinen Wohlfahrt gestellt. Gibt sich bei einzelnen ein ihr widerstrebendes Müssen kund, können wir es nur als ein krankhaftes ansehen, und müssen suchen, es zu kurieren."

„Durch Prügel und Fasten?" rief der Verbrecher.

Der Wärter bemühte sich, ihn zu beruhigen. „Wir befinden uns in der Abteilung der Schwerkranken", sprach er. „So scharfe Mittel wie hier werden nur ausnahmsweise angewandt. Bei unserer weit vorgeschrittenen Kultur genügt meistens eine leichte Behandlung zum Aufpflanzen eines dauernden Erinnerungszeichens und zur Heilung eines ungesunden Müssens."

„Ach, sprächst du wahr!" fiel ihm ein Mann ins Wort, der sich genähert und den letzten Satz seiner Rede mit angehört hatte. „An mir ist eure Kunst gescheitert. Ihr habt mich vor einem Jahr als geheilt von meiner Hochmutskrankheit entlassen, und heute schon habe ich in einem Zeitungsartikel mein eigenes philosophisches System auf Kosten aller bisher aufgestellten gelobt, und jene schmählich heruntergemacht. Gebt mir mein Geld zurück, oder nehmt mich von neuem in die Kur."

Der Wärter lud ihn ein, ihm ins Ordinationszimmer zu folgen, wohin er eben einen Fremden, der sehr krank sei, führen müsse. – Da brach der Verbrecher jedoch in helle Empörung aus. „Geht ohne mich!“ schrie er, „ich habe des Spaßes genug.“ Er wandte sich und wollte entfliehen. Der Wärter lief ihm nach, hielt ihn fest; ein furchtbares Ringen entstand, und ehe die, aus allen Zellen heraneilenden Kranken es hindern konnten, hatte der Verbrecher den Wärter erdrosselt.

Das war die letzte seiner Taten.

Nachdem die Spittler ihr wärmstes Mitleid mit seinem hochgefährlichen Zustand geäußert hatten, überwältigten sie ihn und schleppten ihn vor die Doktoren.

Einen Augenblick war dem Verbrecher seine Frechheit abhanden gekommen; angesichts der Sanftmut und Ruhe, mit welcher die Ärzte sich gegen ihn benahmen, kehrte sie wieder zurück, und er beantwortete voll Hohn alle an ihn gestellten Fragen.

Die Doktoren erklärten seinen Fall als einen unerhört schweren und diktierten eine allerdings schreckliche Behandlung. Er ließ sie ausreden, und schlug dann ein tolles Gelächter auf.

„Ihr habt euch umsonst bemüht“, spottete er; „ich lasse mir eure Behandlung nicht gefallen, weil ich euren Anordnungen nicht unterstehe, weil ich ein freier Mensch bin.“

Die Doktoren sahen einander erstaunt an: „Ein freier Mensch? was heißt das?“ fragten sie.

„Das heißt, ihr Automaten, daß ihr eure Traktierungen an mir nicht versuchen dürft, weil ich nichts gemein mit euch habe, weil ich kein Mußmensch bin. Was ich getan habe, habe ich tun wollen und hätte noch ganz anders handeln können.“

Bei diesen Worten bemächtigte sich der Versammlung ein maßloses Entsetzen.

„Weh über dich!“ riefen die Doktoren; „du hättest das Ungesunde und Gemeinschädliche nicht tun müssen, und hast es dennoch getan? Ungeheuer! scheußliche Ausnahme des allweisen, allherrschenden Gesetzes!... Für dich haben wir keine Behandlung, du mußt den Weg der Unheilbaren gehen."

Der Verbrecher geriet außer sich, als dieses Verdikt über ihn gefällt wurde. „Da bin ich schön angekommen", sprach er. „Vermaledeites Mußpack! Tut man bei euch, was man muß, wird man geprügelt; tut man, was man will, wird man gerichtet."

Noch vor dem Blocke schimpfte er fort.

„Hochmütige Kulturaffen, ihr seid ebenso dumm, wie bei uns die Leute sind. Euer Müssen und unser Wollen, eure Rezepteschreiber und unsere Richter, es kommt auf eins heraus."

„Ja", erwiderte der Henker, „es kommt eigentlich auf eins heraus", und waltete seines Amtes.

Ein Vergleich.

Der Maulwurfshügel sprach zum Vulkan: „Du Weichling! Was tobst du und machst die Welt zum Zeugen deiner inneren Kämpfe? Auch ich habe die meinen, – wer aber hat mich jemals Feuer speien sehen?“

Zwei Gräber.

In ein Massengrab, das eben geschlossen werden sollte, wurde ganz zuletzt noch ein schmales Särglein gesenkt, und Leute, die der Arbeit zusahen, fragten: „Wer war der, der so wenig Platz beansprucht in der Mutter Erde?“

„Ja“, antwortete ein Handlanger, „das war der Zeisi. Tagelöhner seines Zeichens, haben ihn aber nirgends behalten. Ist dann herumgezogen mit der Gitarre und hat in den Höfen der Häuser gesungen, um ein Stück Brot, um ein Paar Stiefel, sehr oft umsonst.“

Wie der Mann so erzählte, trat eine verhüllte Gestalt heran, warf Blumen auf den schmalen Sarg und blickte lange wehmütig zu ihm nieder.

In ehrfurchtsvoller Scheu wichen die anderen zurück; ein überirdisches Wesen erschien sie ihnen; niemand wagte sie anzureden. Sie selbst aber sprach: „Hier ward ein Poet begraben.“

Eine Stunde später kam, von einer unabsehbaren Menge begleitet, ein prachtvoller Leichenzug auf dem Friedhofe an. Der kostbare Sarg, ganz bedeckt mit Lorbeerkränzen, barg einen gefeierten Schriftsteller. Er wurde in die Gruft gesenkt, und der berühmteste Redner der Stadt weihte dem Dahingeschiedenen einen Nachruf voll dithyrambischen Schwungs.

Plötzlich hielt er inne... Er hatte die Herrliche erblickt, die noch immer an der Ruhestätte der Armen stand.

„Gebt Raum“, rief er ins Gedränge. „Die hohe Göttin, deren Gunst unseren großen Toten beglückte, naht heran, mit uns um ihn zu trauern. Gebt Raum der hohen Göttin!“

Die Anwesenden gehorchten, und sofort öffnete sich für die nächste, die edelste Leidtragende ein Weg zur Gruft.

Sie betrat ihn nicht – sie schüttelte das Haupt; über ihr schimmerndes Antlitz flog ein Lächeln himmlischer Verachtung, und sie sprach: „Der Tote war mir fremd; ihr habt einen Tagelöhner begraben."

Eine Begegnung.

Der Hochmut ging eines schönen Tages spazieren. Er trug eine Krone aus Seifenblasen auf dem Kopf, und sie schillerten bunt und prächtig im Sonnenschein. An seinem purpurfarbigen Gewand hingen zahllose vergoldete Glaskugeln; die Plattfüße hatte er in Schuhe mit ungeheuren Hacken gesteckt, und schritt auf ihnen so majestätisch einher, wie ein hölzerner König in der Puppenkomödie. Sein breites Gesicht strahlte von Selbstzufriedenheit, seine roten, fingerdicken Lippen waren verächtlich verzogen; aus halbgeschlossenen Lidern blickte er um sich, als ob nichts da wäre, der Mühe wert, ihm einen ganzen Blick zu gönnen.

Da kam ein Wesen ihm entgegen, bei dessen Erscheinen er stutzte. Ein Wesen von schlichtem Aussehen; bescheiden sein Gang, seine Haltung, seine Gebärde; schön sein Angesicht, auf dem ein edler Ernst und tiefinnerlichster Frieden sich malten.

„Weiche mir aus!“ rief der Hochmut ihm zu.

„Gern“, erwiderte der andere lächelnd, und gab Raum.

Dennoch fühlte der Hochmut sich verletzt: „Du lächelst? wie darfst du es wagen, zu lächeln in meiner Gegenwart?“ schnaubte er und warf sich wütend auf den Beleidiger.

Dieser wehrte ihn nicht ab, regte sich nicht einmal, stand nur ruhig und fest. Der Hochmut aber stürzte zur Erde, und alle seine Seifenblasen zerplatzten, und alle seine Glaskugeln lagen in Scherben – er war an das Verdienst angerannt.

Die Fremde.

Durch die Straßen einer großen Stadt wallte eine majestätische, dicht verhüllte Gestalt. Sie war zum ersten Male zur Erde gekommen, sah zum ersten Male eine Ansiedlung der Menschen und irrte planlos auf der unbekannten Stätte umher. Plötzlich machte sie Halt vor einem Palaste, über dessen mächtigem Portal eine marmorne Statue sich erhob. Das Bildwerk stellte eine Frau in griechischer Gewandung vor. Ihre Augen waren verbunden, in der Rechten hielt sie eine Wage. Eine Inschrift auf dem Sockel der Statue hatte die Aufmerksamkeit der Fremden erweckt. Sie sah abwechselnd deren goldene Lettern und das steinerne Gebilde an, und je länger sie es tat, je mehr wuchs ihr Staunen.

Ein Mann, der atemlos daher gerannt kam, riß sie aus ihren Betrachtungen. Es war ein Beamter, der sich verspätet hatte, und der nun die Stufen zum Palaste schleunigst hinaneilen wollte.

Die Fremde hielt ihn zurück. „Wessen Bildnis ist dieses?" fragte sie und deutete nach der Statue auf dem Portal.

Den Beamten durchfröstelte es. Die Stimme, mit welcher die Verhüllte gesprochen, klang unsagbar hart und schauerlich und war mit keiner Stimme zu vergleichen, die jemals an sein Ohr getönt hatte. Er vergaß die vorgerückte Stunde; seine Angst vor der Strenge seines Hofrats war verschwunden. Stehenbleibend starrte er die Geheimnisvolle an und antwortete: „Es ist das Bildnis der Gerechtigkeit."

Ein Lachen erscholl, das ihm das Blut in den Adern gefrieren machte; doch fuhr er fort: „Unter ihrem Zeichen wird hier gewaltet."

„Von wem? – Wohnen Götter in diesem Hause?“

Der Beamte dachte an seine Vorgesetzten und an seine Kollegen, und mußte lächeln: „Nur Menschen“, erwiderte er.

„Wie?“ rief die Fremde, „Menschen walten im Namen Einer, die auf Erden nie war und nie sein wird? Menschen, blinde, irrende, üben das Amt der Allsehenden und Unfehlbaren?“

Wieder erklang das gräßliche Lachen. Durch den Schleier der Verhüllten hindurch drang der Strahl eines Feuerauges, vor dem der arme Beamte wie vom Blitz getroffen niederstürzte.

Als er zur Besinnung kam, war die Erscheinung verschwunden, und ein Wunder war geschehen. Die Statue über dem Portal hatte ihre Form verändert. Sie stellte nicht mehr die Gerechtigkeit dar; aber was denn? – Die Beamten zerbrachen sich vergeblich die Köpfe darüber. Endlich wurden Gelehrte befragt. Sie hielten eine lange Beratung und erklärten sodann einstimmig, die Statue sei nichts anderes als eine symbolische Darstellung der Notwehr, umgeben mit einer wunderlichen Mischung von Emblemen der Grausamkeit und der Barmherzigkeit.

Das Blatt.

Vom Winde getrieben flog ein welkes Blatt neben einem Vogel durch die Luft.

„Sieh“, raschelte es triumphierend, „ich kann fliegen wie du.“

„Wenn du fliegen kannst, so mache mir das nach!“ antwortete der Vogel, wandte sich und steuerte mit kräftigem Flügel gegen den Wind.

Das Blatt aber wirbelte ohnmächtig dahin, bis sein Träger plötzlich den Atem anhielt und es in ein Bächlein fallen ließ, das klar und munter durch den Wiesengrund jagte. Nun segelte das Blatt auf den Wellen und gluckste den Fischen zu: „Seht mich an, ich kann schwimmen, wie ihr!“

Die stummen Fische widersprachen ihm nicht; da blähte es sich auf und meinte: „Das sind anständige Kreaturen, die lassen einen doch gelten!“

Weiter glitt es, und merkte nicht, wie es dabei aufquoll und schon faul war durch und durch.

Die Siegerin.

Es kam einst zu einem ungeheuren, einem echten Titanenkampf. Alle Tugenden und alle Laster rangen miteinander auf Leben und Tod. Furchtbare Wunden klafften, in Strömen floß das Blut. Hinterlist und Tücke hatten die Gerechtigkeit überwältigt und ihr den Arm gelähmt. Zerfleischt von den Zähnen und Klauen des Hasses und der Eifersucht erstarb die Liebe; die Großmut röchelte unter den würgenden Händen der Habgier. Vielen Tugenden erging es schlecht an dem Tage, aber auch viele Laster meinten den Rest bekommen zu haben.

In der ganzen großen Heerschar blieb nur eine unversehrt; es war eine der Tugenden; es war die Güte.

Mit Steinen beworfen, von den Pfeilen des Undanks durchbohrt, hundertmal niedergezwungen, erhob sie sich immer wieder unverwundbar, unüberwindlich, und trat von neuem in den wütenden Kampf.

Es wurde Abend und Nacht; der Streit blieb unentschieden, die Streiter lagen erschöpft. Die Güte allein wandelte über die Walstatt, munter wie ein sprudelnder Quell, lieblich wie das Morgenrot und labte die Leidenden, und in dem Augenblick ließen sogar ihre Feinde es gelten: Die Stärkste bist du!

Verlorene Zuversicht.

Vor Jahren lebte in einer großen Handelsstadt ein Mann, dem alles, was er unternahm, gelang, den niemals ein Mißgeschick traf, der von Jugend an bis ins reife Alter nur Freude und Erfolg erlebte und nur Dankbarkeit und Treue erfuhr. Plötzlich verwandelte sich sein Los; er sank ins Elend; er lernte den Undank und die Bosheit kennen, und allem, was er liebte, drohte Gefahr. Ebenso rasch jedoch, als es sich von ihm gekehrt, kam das Glück ihm zurück, ersetzte ihm alles zehnfach, was er verloren, überschüttete ihn und diejenigen, die ihm teuer waren, von neuem mit seinen reichsten Gaben.

„Nun", fragte jemand, „bist du zufrieden? Du hast es wieder, dein Glück."

„Ach," antwortete er, „wo ist meine Zuversicht! Ich habe ein Glück wieder, das mich schon einmal verlassen hat."

Am Ziel.

Es war einmal ein reicher Mann, der am Wohltun eine so große Freude fand, daß er ihretwegen jede andere Freude, ja sogar jedes eigene Behagen aufgab. Er wohnte in einer Dachstube, nährte und kleidete sich ärmlich, und galt infolgedessen bei allen seinen Bekannten für einen abscheulichen Geizhals. Obwohl er das wußte, brachte er es doch nicht über sich, irgend jemandem einen Einblick in seine Vermögensverwaltung zu gestatten. Sich selbst gab er von derselben genaue Rechenschaft in einem Buche, das er sorgfältig führte, und das er denjenigen zu hinterlassen gedachte, deren Tadel ihn am meisten verdrossen hatte.

Er wurde alt, und am Ende seiner Tage und seines Reichtums angelangt, blieb das Buch sein Glück, seine Erquickung. Wenn er darin las, stiegen beseligende Erinnerungen vor ihm empor; er sah Verzweifelte wieder hoffen, sah gebrochene Menschen sich aufrichten an seiner Hand. Und die toten Buchstaben belebten sich, und aus den stummen Blättern klang es wie leises Jauchzen heraus, wie hold geflüsterter Segen.

Die Sterbestunde des Greises kam; zum letzten Male griff er nach seinem Buche und dachte: ich gehe, aber du bleibst und wirst von mir erzählen. –

Da durchblitzte ihn plötzlich die Frage: und was? – daß mir unrecht geschehen... den einen gleichgültig, den andern ein ewiger Stachel? Wem zum Nutzen? Keinem. Nur mir zum Nachruhm...

Beschämt senkte er sein Haupt. Angesichts der großen Stunde, wie klein erschien ihm, womit er sich vertröstet hatte, viele Jahre hindurch! Wie klein, wie eitel!

Und nun verbrannte er das Buch und freute sich, daß seine erlahmenden Hände noch die Kraft dazu fanden; und mit den verglimmenden Blättern zugleich erloschen seine Augen.

Eine dumme Geschichte.

I.

Vor langer Zeit lebte in einem deutschen Gau ein gewaltiger Ritter. Er hatte eine herrliche Burg; er hatte kühne und wehrhafte Knechte; er hatte weite Ländereien, die er alle selbst erobert, und große Reichtümer, die er alle selbst zusammengeraubt. Er hatte auch eine schöne und tugendsame Frau. Sie hieß Dina, die Erhabene, hätte aber eigentlich die Demütige heißen sollen. Still und fleißig waltete sie tagsüber am Herde und am Webstuhl, und wenn der Abend einbrach, stieg sie zum Söller empor und lugte aus nach ihrem reisigen Herrn.

Sobald sie ihn erblickte, ließ sie ihr goldgesticktes Taschen-Fähnlein wehen und eilte ihm entgegen in den Burghof. Dann geleiteten sie und ihr Page den Ritter in sein Gemach, wo er sich auf das mit einem Bärenfell bedeckte Lager warf, seinem holden Weibe die Beine entgegenstreckte und sprach: „Stiefel!"

Und sie nahte in liebevoller Dienstbeflissenheit und zog ihrem Gemahl die, je nach der Jahreszeit, mit Staub, Kot oder Schnee bedeckten Stiefel aus.

Müßig (bis auf einiges Zähneknirschen) stand der Page, ein Jüngling voll zarter Empfindung, daneben und dachte: des sollt' sie sich doch nicht unterwinden, trotz aller Weibesgüte und Tugend, des doch nicht! Und mehrmals, hingerissen von seinen Gefühlen, wagte er's und erhob seine Stimme zu wohlgesetzter Rede:

„Überlasse mir, o Herrin, hochgemute, des Stiefel-Ausziehens unrühmlich Bemühen."

Aber sein Flehen verhallte unbeachtet, und was er darüber empfand, war ein tiefer Gram. Seine Heiterkeit verschwand; er wandelte dahin, wie er nie geahnt hatte, daß man wandeln könne – in Gedanken.

Und sein Sinnen war kein totes, vielmehr ein mit reichen Keimen belebtes, die nach Entfaltung rangen, wuchsen und endlich aus ihrem Schattenreiche hinaus in die wirkliche Welt gelangten, als die gereifte Frucht eines erfinderischen Geistes, als ein Werk!

Man hatte ihn gesehen, kleine Klötze zuhauen und in den sogenannten Pagenturm hinauftragen, und hatte ihn die Nächte hindurch bis zum frühen Morgen sägen, hobeln, raspeln gehört. Sein Tun blieb ein geheimnisvolles; er verweigerte jegliche Auskunft darüber, wurde sehr mager, und aus seinen Augen leuchtete jene Seligkeit, die durch das Bewußtsein eines von Erfolg gekrönten Strebens hervorgerufen wird.

Ein schöner Sommertag ging zur Rüste; schon brach der Abend herein, als Hörnerklang ertönte; der Herr an der Spitze seiner Mannen kehrte heim. Er hatte sich erkältet, war ganz heiser und sprach, vom Pferde springend, zu der ihm Willkomm bietenden Gattin: „Würzwein!"

Sie eilte, das Verlangte zu bereiten; er, von dem Pagen allein gefolgt, ging auf sein Zimmer. Als er sich dem Lager näherte, fiel ein seltsames Ding ihm auf, das vor demselben stand. Wie eine kleine Bucht zwischen vorgestreckten Landzungen war es gestaltet und ruhte schräg, aber fest, auf kurzen Füßen.

„Wer hat mir das gebracht, was ist das?" fragte er.

„Ich habe es gebracht und gemacht", erwiderte der Page, und seine Wangen erglühten in freudigem Schöpferstolz: „O Herr, es ist ein Stiefelknecht."

Er unterwies den Ritter im Gebrauche des neuen Hausgerätes, und der Ritter freute sich sehr darüber und zog zum puren Vergnügen die Stiefel gleich zweimal nach einander aus und an.

Er war eben im Begriff, die Vortrefflichkeit der Erfindung zum dritten Male zu erproben, als seine Hausfrau eintrat, den Würzwein in goldenem Becher auf silberner Platte tragend. Beinahe wäre ihr beides entsunken.

„Was tut mein Herr?“ fragte sie, und ihre schönen Augen füllten sich mit Tränen. „Sind meine Dienste meinem Herrn entbehrlich geworden? Vermag ein Stück Holz mich bei meinem Herrn zu ersetzen?“

Der Ritter entgegnete: „Nicht alleweil, nur in dem einen Fall.“

Aber dieser Trost tröstete sie keineswegs. „Wer hat die frevelige Erfindung ausgeheckt, die mich in irgend einem Falle meinem Herrn entbehrlich macht?“ forschte sie mit Bangen.

„Der treueste Diener dein, – ich!“ stammelte der Page und warf sich ihr zu Füßen. Er bat um Gnade und Verzeihung und beteuerte die Lauterkeit seiner Absicht. Habe sie ihren Zweck verfehlt, so trage daran einzig und allein der Begriff schuld, den er von Frauenwürde hege.

Half alles nichts. Die Herrin blieb dabei, er habe sie um die Ausübung eines ihr werten Rechtes betrügen wollen und befahl ihm, das Werkzeug, welches arglistig dazu hatte dienen sollen, ins Feuer zu werfen.

Dieser Befehl war von einem Blick begleitet, der dem armen Jüngling das Herz zerschnitt und ihm verkündete, daß er die Huld seiner Herrin unwiederbringlich verloren hatte. Der bittere Schmerz, von dem nur die grausam Verkannten wissen, ergriff ihn, zugleich aber auch eine mächtige Liebe für sein Werk. Er trug es empor in seine Turmkammer, schrieb dem guten Stiefelknecht eine genaue Gebrauchs-Anweisung auf den Rücken und verbarg ihn in einer Vertiefung der Mauer, die er mit Steinen verlegte. Dann weihte er ihn tiefbewegt dem Verständnis kommender Geschlechter und entfloh beim ersten Morgengrauen.

Nie wieder hat man von ihm gehört; er ist vergessen und verschollen, ein Märtyrer seiner Erfindung.

II.

Hundert Jahre später hauste der Ururenkel des gewaltigen Ritters auf der Burg. Er war ein friedfertiger Herr, der sich der Gelehrsamkeit befliß, und besaß eine kleine lebhafte Frau und zwei schöne Kinder. Diese spielten dereinst Verstecken im halb verfallenen Pagenturm, fanden dort im Schutte den Stiefelknecht und brachten ihn ihrer Mutter.

Die kleine Frau wunderte sich über das seltsame Ding, und da sie vor lauter Neugier lesen gelernt hatte, machte sie sich gleich daran, die Schriftzüge, mit denen es bedeckt war, zu entziffern. Dabei wurde ihr Gesicht immer freundlicher; plötzlich lachte sie laut auf, und ihre Kinder lachten mit; sie hüpfte und tanzte mit dem Stiefelknecht im Zimmer herum, und die Kinder tanzten und sprangen wie Böcklein und jubelten über den Jubel ihrer Mutter.

Der Freudentaumel hatte seinen höchsten Grad erreicht, da kam der Herr Vater von der Gesundheits-Promenade, die er täglich zu unternehmen pflegte, nach Hause. Er steckte den Kopf zur Tür herein und sagte:

„Unziemlich ist es zu jubeln und zu tanzen am Wochentage. Weichet hinweg zur Schulstube, ihr Kinder, und du, Thusnelda, Geliebte, zieh' mir die Stiefel aus."

„Schwerlich, schwerlich", sprach die kleine Frau und machte dazu einen komplizierten mittelalterlichen Knix, „für die Stiefel meines Herrn hat sich ein Knecht gefunden, die

Magd kündigt den Dienst", und sie stellte den Stiefelknecht dem Gatten vor die Füße.

„Thuschen, wonnevoll", war alles, was er im ersten Augenblick hervorbrachte.

Er mußte sich auf einen Sessel niederlassen, denn ihm schwindelte.

Vor seinem ahnungsvollen Geiste stieg ein neues Kapitel der damals noch völlig unbekannten Kulturgeschichte auf. Er sah alle Frauen dem Beispiel der seinen folgen, und alle Männer darauf angewiesen, sich ihrer Stiefel von einem fühllosen Instrumente entledigen zu lassen statt von liebender Hand.

„Mein armer Sproß", sprach er nach einer langen Pause und legte die Rechte auf seines siebenjährigen Söhnleins Haupt. „Die gefüge Magd kündigt den Dienst. Hast du's gehört und wird dir schlimm wie mir? Unfroher Zukunft reift mein Sproß entgegen; verschoben zwischen Mann und Frau ist das Verhältnis."

„Nur ein wenig zurechtgerückt", versetzte Thusnelda und streichelte ihres Töchterchens Locken.

„Mich jammert deines Irrwahns", klagte der Gatte; „hinweggetilgt mit der minniglichen Frauen Demut wird des Hauses Eintracht sein."

„Ja, ja", erwiderte sie, „die Eintracht zwischen Unterwürfigkeit und Gewalthaberei wird wohl hinweggetilgt sein."

Er sah sie mit großen, runden, bestürzten Augen an.

„Sollen wir hinkünftig auch die Kindlein in die Welt setzen und ihrer warten?" fragte er.

Die Frau schlug die Hände zusammen: „Gott steh mir bei! von den Lippen meines Hochgelahrten entfleucht Unsinn."

Und er wurde böse und sprach: „Wer hat dir solche Rede zu mir erlaubet? Meine Zornwut weckst du. Törichte Weiber! Preis zu erjagen gedenket ihr, und werdet sinken im Preise und sitzen bleiben alle! Kein mannlicher Mann wird werben um ein Gespons, das sein nicht magdlich pflegen will. Unweise und untergeordnet in allen Stücken dem Manne seid ihr Weiber. Was an euch ehren soll er, wenn nicht die Ehre, so ihr ihm bietet; was lieben an euch, wenn nicht die Liebe, so ihr zu ihm traget?..."

Er wollte noch weiter reden, aber Thusnelda unterbrach ihn durch ein lautes Gelächter. „Schön Dank für dieses Geständnis, o du mein trauter, aufrichtiger Geselle!" sagte sie und schlang ihre Arme um seinen Hals.

Die Ehegatten umarmten einander, während ihre Kinder sich in der entgegengesetzten Ecke des Gemaches prügelten, weil das Bübchen gesagt hatte, es werde nie eine Frau nehmen, die sich weigere, ihm die Stiefel auszuziehen, und das Schwesterchen ihm dafür eine Ohrfeige versetzt hatte.

„Laßt ab vom Kampfe, ihr Kinder", befahl der Vater. „Vernunft angenommen hat die reine Süße, Eure Mutter."

„O weh!" jammerte sie, ihr hübsches Köpfchen zur Achsel neigend. „Wie tut das Herz mir weh, daß ich eine Frau nur bin, und demnach unweise, demnach unfähig, Vernunft anzunehmen. So hat mein gelahrter Herr gesagt, und seinem Worte darf ich nicht zuwider handeln."

„Nicht zuwider handeln", murmelte der Gatte und versank in tiefes Sinnen. „O liebe Frau, die Folgen sind unabsehbar", sprach er endlich, seufzte und – bediente sich des Stiefelknechts.

Kosmogonie.

I.

Im Urwalde tief verborgen befand sich ein großartiger Ameisenbau. Das Völkchen, das ihn bewohnte, war fleißig und weise, es hatte sich im Laufe der Jahrhunderte eine vortreffliche Verfassung und ebensolche Gesetze gegeben. Die Wissenschaften wurden in Ehren gehalten, die Künste gepflegt; so blühten sie denn auch und trieben reiche Früchte. Fortwährend entdeckten die Gelehrten ewige Wahrheiten, und die Künstler hörten nicht auf, unsterbliche Werke zu schaffen. „Eine Zivilisation wie die unsere", sagten die Ameisen, „kann nicht mehr untergehen. Künftige Geschlechter werden das Erbe antreten, es vermehren und im unaufhaltsamen Fortschritt zu einer Vollendung gelangen, von der sogar das ameisliche Ahnungsvermögen sich keinen Begriff machen kann."

In diesem Hochgefühle schwelgte die Nation, und es begeisterte sie zu immer neuen und edleren Bestrebungen.

Da ereignete es sich, daß eines Tages ein Löwe des Weges kam. Er bemerkte den Ameisenbau nicht und schritt gemächlich mit breiten Tatzen über ihn hinweg. Dabei wedelte er mit dem Schwanze, denn ihm war heiß, und wedelte den ganzen Bau samt seiner Kultur und den ewigen Wahrheiten und den unsterblichen Kunstwerken so gründlich fort, daß keine Spur von ihnen übrig blieb.

II.

„Schau“, sagte ein Kolibri zu seinem Weibchen, das neben ihm auf einer Lianenblüte saß, „da hat ein großer Erdentreter eine Menge kleiner Erdentreter vernichtet.“

Das Weibchen zwitscherte: „Schade! Diese kleinen Klümpchen sind so nett hin und her gerollt um ihren großen Klumpen; es schien fast, als ob sie es wären, die ihn wachsen machten. Ich habe mich manchmal gefragt“, setzte sie nach einer Pause hinzu und bemühte sich, geistreich auszusehen, „ob sie sich nicht am Ende doch absichtlich bewegen und einen Willen und sogar einen Ansatz von Seele haben.“

„Gerade soviel als die Blätter der Bäume. Die rühren sich auch zeitweise; sind deshalb sie die Ursache seines Wachstums?“ spöttelte das Männchen. „Nein, geliebte Einfalt, schreibe ihnen nicht zu, was das alleinige Erbteil der ersten unter den geflügelten Lebewesen ist – der Vögel, und ganz besonders der Kolibri, weil sie die Feinsten, die Schönsten sind, und weil die Geschwindigkeit ihres Fluges mit der Geschwindigkeit des Schalles wetteifern kann. Für uns scheint die Sonne, für uns bringt die Scholle, das Wasser, die Luft Nahrung in tausendfältiger Gestalt hervor. Wir sind der Mittelpunkt alles Seienden, vollendete Vögel, angefangene Engel; denn als solche schweben die seligen Geister unserer Vorfahren um das Nest des höchsten Engels, nach dessen Vorbild wir geschaffen sind, der Himmel und Erde und das Schicksal jedes einzelnen Kolibris in seinen mächtigen Fängen hält.“

Das Weibchen verstand ihn zwar nicht, bewunderte ihn aber doch sehr, beeilte sich auch, ihm Recht zu geben, denn sie befanden sich noch in den Flitterwochen.

Brautwahl.

I.

Es war einmal ein Märchenprinz, der edelste, schönste, liebenswerteste von allen, die es je gegeben hat. Als er sechsundzwanzig Jahre alt geworden, ließ die Königin, seine Mutter, ihn rufen und sprach zu ihm:

„Die Zeit ist gekommen, in welcher du eine Lebensgefährtin wählen und einen Hausstand gründen sollst. Bekanntermaßen findet man die besten Frauen, die es heutzutage gibt, auf dem Planeten Erde. Dort lebt auch die holde, dir bestimmte Braut, ein Wesen, lieber Sohn, dir gleich an Seelenadel."

Der Prinz errötete aus Bescheidenheit, und die Königin fuhr fort:

„Aber nicht ohne weiteres kann ein so köstliches Gut dir zuteil werden, du mußt es dir verdienen."

„Wodurch, o Mutter?"

„Durch rastloses Suchen, o Sohn."

„In welcher Gegend der Erde?"

„In Europa."

„Auf dem Lande; in den Städten?"

„In einer Hauptstadt, unter den Töchtern des höchsten Adels. Du weißt genug; nun gehe, mein Sohn."

Aber dieser rief: „Und das Erkennungszeichen? ... Nur das noch sage mir, woran erkenn' ich sie?"

Die Königin stieg von ihrem Throne nieder und flüsterte ihrem Sohne einige Worte ins Ohr.

II.

In den vornehmsten Gesellschaftskreisen einer großen Stadt war plötzlich ein junger Mann aufgetaucht, der allenthalben Liebe und Bewunderung erweckte. Alle historischen Namen wurden von dem seinen, der dem Mythus angehörte, verdunkelt. Sein Stammbaum war so lang, daß er nicht einmal in der längsten Straße der Stadt ganz aufgerollt werden konnte; sein Reichtum schien unermeßlich, seine Großmut war es. Hochgeboren, edel und reich, was brauchte er außerdem noch zu sein, um die Herzen der Töchter und die Zustimmung der Eltern im Sturme zu erobern? So ritterlich und so bescheiden wie er hatte noch nie ein Mann den jungen Damen den Hof gemacht. Was sie aber am meisten an ihm entzückte, das war seine Heiterkeit und sein Witz. Daß er den letzteren stets auf Kosten des lieben Nächsten übte, daß der himmlische Prinz ein Spötter war, hatten sie bald entdeckt und bemühten sich aus vollen Kräften, diesen fadendünnen Spalt an dem Panzer seiner Vollkommenheit zu erweitern.

Dies geschah aus weiblichem Instinkt.

Jedes Edelfräulein, mit dem er gelacht und gescherzt, war überzeugt, seiner Schwäche am geschicktesten geschmeichelt und damit sein Herz gewonnen zu haben. Doch keine dieser Hoffnungen erfüllte sich, und eines schönen Tages war der Prinz ebenso plötzlich wie er gekommen – verschwunden.

III.

Dasselbe wiederholte sich in vielen anderen Städten. Der Prinz begann seine Freudigkeit einzubüßen; sein Witz wurde immer schonungsloser; er spottete nicht mehr, er lästerte. Sein Erdenwallen, das fühlte er wohl, machte ihn nicht besser, und am meisten kränkte ihn, daß er nur in seinen eigenen Augen an Wert verlor. Die Väter, die Mütter, die Töchter trieben nach wie vor Abgötterei mit ihm und verehrten jedes seiner Worte.

„Ewiges Einerlei!“ sagte er oft laut vor seinem ganzen Gefolge. „Ich werde heimkehren zu meiner königlichen Mutter als alter Junggeselle.“

Und wirklich begann er zu versauern wie ein solcher.

Endlich ergriff ihn ein ungeheurer Ekel. „Laß satteln! Unsere Wolken vor! Die schwärzeste für mich!“ befahl er seinem Oberstallmeister. „Wir reiten!“

„Heute, Eure Hoheit?“ versetzte der Würdenträger. „Ist heute nicht Hofball, den Eure Hoheit besuchen müssen?“

Der Prinz gab das zu und ging auf den Ball. Aber er tanzte nicht, schwatzte nicht, lachte nicht. Er stand in einer Ecke, sah den schönen, jungen Damen, die im Takt an ihm vorüber schwebten, traurig nach und seufzte: „Keine, keine einzige!“

IV.

Die Melancholie des Prinzen war aufs Höchste gestiegen, als er plötzlich am anderen Ende des Saales ein liebliches Mädchen erblickte, das ruhig dasaß und, wie er, dem Tanze zusah. Sie jedoch tat es mit heller Zufriedenheit und schien seelenvergnügt.

„O Seele!“ dachte der Prinz, „wie schön mußt du sein, um dich so zu vergnügen am Vergnügen der andern!“ Sanft, aber unwiderstehlich angezogen, trat er vor das liebliche Mädchen hin, verbeugte sich und fragte: „Sie tanzen nicht, mein Fräulein?“

Sie stand auf, erwiderte seine Höflichkeit und, nachdem sie sich wieder gesetzt hatte, auch seine Frage: „Nein, mein Herr."

„Und warum nicht?"

„Weil ich keinen Tänzer bekommen habe", antwortete sie voll heiterer Gleichgültigkeit; und wie sie den Prinzen dabei mit ihren unschuldigen Augen anblickte, wurde ihm wohler, als ihm noch je auf Erden geworden war.

„Keinen Tänzer heute?"

„Heute nicht und nie", und sie lachte so hell, daß er meinte, die goldenen Zauberglöcklein auf dem Turme seines heimatlichen Schlosses den Morgen begrüßen zu hören.

Er sah nieder zu ihren wunderschönen Füßchen und sagte, nachdem er dieselben mit großer Aufmerksamkeit betrachtet: „Sie tanzen gewiß gern und ausgezeichnet?"

„Sehr gern, o ja, und nicht schlechter als eine andere."

„Und dennoch werden Sie nicht aufgefordert? Warum, warum?" rief der Prinz, immer mehr in Feuer geratend, und ergriff ihre Hand.

Die Kleine errschrak, senkte die Augen und murmelte so undeutlich, daß nur einer, der im Begriff ist, sich zu verlieben, es verstehen konnte: „Weil ich langweilig bin."

„Langweilig? ... O, mein Fräulein! ..." Flammende Röte brannte auf seinen Wangen, ein unterdrücktes Jauchzen drang aus seiner Brust: „O, mein Fräulein, dann erlauben Sie mir, für den ganzen Abend an Ihrer Seite Platz zu nehmen."

V.

Man ließ sie nicht lange in Ruhe plaudern. Eine junge Dame nach der andern kam heran und verriet auf mehr oder minder feine Weise ihr Erstaunen darüber, daß einer, der die Wahl unter Adler- und Schwanenjungfrauen frei hatte, sich mit einem Gänschen beschäftigen mochte.

Wie auf Verabredung ließen sie ihren Witz sprühen, daß es nur so prasselte. Die Funken stoben, fielen über manchen guten Namen her und vernichteten ihn.

Und der Prinz, ach, der Prinz stimmte ein. Er sah die Stirne seiner lieblichen Nachbarin sich verfinstern, aber er stimmte ein. Ja, er fand ein teuflisches Gefallen daran, jede geistreich vorgebrachte Bosheit zu überbieten. Es gelang ihm beispiellos. Der Genius der Verleumdung schien über ihn gekommen, und er brachte dessen grausamste Eingebungen mit unbändigem Übermute vor. Seine Zuhörerinnen stutzten, kicherten, erröteten. Viele gaben sich Mühe, eine leise Schadenfreude zu verbergen; das waren die Pfiffigen, die Klugen, die hatten längst „so etwas" bemerkt. Einige fühlten Mitleid und Bedauern, andere waren erstaunt.

Ein Zweifel an dem Schlechten, das er aussagte, stieg in keiner auf, in keiner einzigen.

Und doch! – in einer doch – in der Lieblichen, die der Prinz, so lange er sprach, kaum anzusehen gewagt hatte. Sie erhob sich klopfenden Herzens, Tränen des Zornes standen in ihren Augen. –

„Von allem, was Sie da behaupten", sagte sie kühn und laut, „glaube ich nichts!"

„Nichts? ... von allem nichts?" ... Er stieß einen Schrei aus, der an den Wänden des Saales widerhallte wie himmlische Musik, warf sich auf die Kniee vor seiner anmutigen Gegnerin und umfaßte mit beiden Armen ihre zarte Gestalt.

„Du bist es!" rief er. „O Mutter – die ist's – die gab mir das Erkennungszeichen!"

Im selben Augenblick öffnete sich die Decke, und auf ihrem mit Feuervögeln bespannten Sonnenwagen kam die Märchenkönigin herbeigeflogen.

Vor ihrer blendenden Erscheinung senkten sich alle Augen, nur die des Brautpaares nicht. Der Prinz führte seiner Mutter die Erwählte zu, und die Königin küßte sie dreimal und sprach:

„Ich wußte wohl, daß es eine lange Trennung von meinem Sohne galt, als ich ihn zur Erde sandte, eine junge Dame zu suchen, die an Verleumdung nicht glaubt. Sei mir gegrüßt, du holde Seltenheit!"

Die Königin hieß ihre Kinder einsteigen, die Feuervögel entfalteten ihre Schwingen und trugen die Glücklichen in das schöne Feenland, aus dem die Verleumdung verbannt ist, und wo sogar die jungen Damen schweigen, wenn sie von ihrem Nächsten nichts Gutes zu sagen wissen.

Wertbestimmung.

In einen mit Kreuzern gefüllten Sack geriet zufällig einmal ein Dukaten. Nachdem er einige Zeit bei ihnen geweilt hatte, sagten sie: „Wir müssen unserem Gastfreunde einen Rang anweisen; laßt uns denn zuvor seinen Wert bestimmen.“

Die Alten, die Patinierten, traten zusammen, berieten lange und brachten es endlich zu dem Vorschlage:

„Der gelbe Bursche ist zwar schwächlich, doch beantragen wir, ihn um seines hellen Klanges und seiner feinen Legierung willen ebenso viel gelten zu lassen wie Unsereinen.“

„Von meinesgleichen werde ich höher gehalten“, wagte der Dukaten einzuwenden, und sogleich brachen die neuen, blanken Kreuzer, die schon über den Vorschlag der alten gemurrt hatten, in einen Sturm des Unwillens aus.

„Was geht uns an, wie deinesgleichen dich schätzen“, riefen sie. „Im Kupferlande gilt das Gold ein für allemal – nichts.“

Das wurde zum Gesetz erhoben.

Geschieden.

Der Glauben und die Liebe waren einst ein Paar und führten die glücklichste Ehe. Eines Tages sprach der Glauben: „Ich muß wandern, ich muß mich über die Erde verbreiten“, und die Liebe bat: „Nimm mich mit.“ Er aber erwiderte: „Das kann nicht sein. Ohne dich bin ich stärker; allein ist der Held.“

Er ging und verirrte sich unterweges in Nacht und Finsternis, und als er heimkam, erkannte die Liebe ihn kaum wieder, so sehr hatte er sich verändert – auch gegen sie. Sie hatte ihre Macht über ihn verloren.

Seitdem wendet er sich gar oft von ihr ab. Finden sie sich flüchtig zusammen, geschieht es nur, um sich bald wieder zu trennen.

Ihr Bund war Segen, ihre Uneinigkeit ist Fluch, und die Menschenkinder fühlen ihn schwer.

Die Nachbarn.

Der Blonde und der Braune waren Nachbarn; jeder von ihnen stand an der Spitze eines gutmütigen Hirtenvolkes. Sie tauschten nach Bedarf die Produkte ihrer Ländereien und blieben einander stets hilfreich in Not und Gefahr.

Niemand hätte bestimmen können, welchem von beiden ihr Bündnis mehr Nutzen brachte.

Eines Tages, im Herbste, begab es sich, daß ein heftiger Sturm großen Schaden anrichtete im Walde des Braunen. Viele junge Bäume wurden entwurzelt oder gebrochen, viele alte Bäume verloren mächtige Äste.

Der Herr rief seine Knechte; sie sammelten die dürren Reiser und schichteten sie in Bündel.

Aus dem frischen Holze aber wurden Stöcke zugehauen. Im Frühjahr sollten sie verwendet werden zu einem neuen Zaune für den Hühnerhof der braunen Herrin.

Nun wollte der Zufall, daß ein Diener des Blonden die Stöcke in die Scheune bringen sah. Ihre Anzahl schien seinen etwas blöden Augen ungeheuer. Von Angst ergriffen lief er heim und sprach zu seinem Gebieter: „Ein Verräter will ich sein, wenn der Nachbar nicht Böses wider uns im Schilde führt!"

Er und andere ängstliche Leute, – es waren auch Weise darunter, – schürten so lange das Mißtrauen, das sie ihrem Herrn gegen den Freund eingeflößt hatten, bis jener sich entschloß, zu rüsten gegen die vermeintlich Gerüsteten.

Eine Scheune voll von Stöcken hatte der Braune; der Blonde wollte drei Scheunen voll von Stöcken haben.

Holzknechte wurden in den Wald geschickt. Was lag ihnen an seiner hohen Kultur? Ihnen tat es nicht leid, einen jungen Baum zu fällen, ihm die aufstrebende Krone abzuhauen und die lichtsuchenden Äste und die Zweige mit den atmenden Blättern.

Nach kurzer Zeit war der Wald verwüstet, aber der Blonde hatte viele tausend Stöcke.

Wie es ihm ergangen war, erging es nun seinem ehemaligen Freunde. Die Klugen und die Törichten, die Verwegenen und die Zaghaften im Lande, alle schrieen: „Es ist deine Pflicht, Herr, dafür zu sorgen, daß uns der Tag des Kampfes reich an Stöcken finde!“

Und der Braune und der Blonde überboten einander in der Anschaffung von Verteidigungsmitteln, und bedachten nicht, daß sie endlich nichts mehr zu verteidigen hatten, als Armut und Elend. Weit und breit war kein Baum zu erblicken, die Felder waren unbebaut; nicht Pflug, noch Egge, noch Spaten gab es mehr: Alles war in Stöcke verwandelt.

Es kam so weit, daß die größte Menge des Volkes zu Gott betete: „Laß den Kampf ausbrechen, laß den Feind über uns kommen; wir würden leichter zugrunde gehen unter seinen Stöcken, als unter den Qualen des Hungers!“ –

Der Blonde und der Braune waren alt und müde geworden, und auch sie sehnten sich im stillen nach dem Tode. Ihre Freude am Leben und Herrschen war abgestorben mit dem Glücke ihrer Untertanen.

Und einmal wieder trieb der Zufall sein Spiel.

Die beiden Nachbarn stiegen zugleich auf einen Berg, der die Grenze zwischen ihren Besitzungen bildete.

Jeder von ihnen dachte: Ich will mein armes, verwüstetes Reich noch einmal überschauen.

Sie kletterten mühsam empor, kamen zugleich auf dem Grate des Berges an, standen plötzlich einander gegenüber und taumelten zurück... Aber nur einen Augenblick. Ihre abwehrend ausgestreckten Hände sanken herab und ließen die Stöcke fallen, auf welche sie sich gestützt hatten.

Die ein halbes Jahrhundert in Haß verkehrte Liebe trat in ihr altes Recht. Mit schmerzvoller Rührung betrachtete der Freund den Freund aus halb erloschenen Augen. Nicht mehr der Blonde, nicht mehr der Braune! Wie aus einem Munde riefen sie: „O, du Weißer!“ und lagen Brust an Brust.

Wer zuerst die Arme ausgebreitet, wußten sie ebensowenig, als sie sich besinnen konnten, wer dereinst die ersten Stöcke aufgestellt wider den anderen. Sie begriffen nicht, wie das Mißtrauen hatte entstehen können, dem alles zum Opfer gefallen war, was ihr Dasein und das der Ihren lebenswert gemacht hatte.

Eines nur stand ihnen fest: die niederdrückende Überzeugung, daß nichts auf Erden ihnen ersetzen konnte, was die Furcht vor dem Verlust ihrer Erdengüter ihnen geraubt hatte.

Der gute Feind.

Der verkörperte Tadel – übrigens ein ehrlicher Bursche – begegnete einem jungen Poeten, erhob sofort seinen Knüttel und bläute den ahnungslos Dahinschreitenden tüchtig durch. Wenn aber der Tadel nichts weniger als ein Höfling war, so war der Poet nichts weniger als ein Weichling. – Jetzt weiß ich, dachte er, wo ich zu treffen bin, und will mir die Lehre zunutze machen.

Er kühlte seine brennenden Striemen an der nächsten frischen Quelle und schritt unverdrossen weiter.

Nach langer Zeit stieß er einmal auf das verkörperte Lob. Das hatte leider seinen unentbehrlichen Halt, den Takt, zu Hause gelassen und ergoß sich so lawinenartig über den Dichter, daß er sein Gleichgewicht verlor. Nicht genug. Immer in der besten Absicht, und beeifert, der Welt zu zeigen, mit welcher Berechtigung sein Hymnus ertönte, nahm das Lob ein Seziermesser und öffnete dem Poeten das Herz.

Der Sterbende aber rief: – „O Tadel, mein guter Feind, singe du meinen Grabgesang!“

Ohne Vorschule.

Ein Töpfer hatte zwei faule Söhne, die das väterliche Handwerk durchaus nicht erlernen wollten. Sein Nachbar, ein Schuster, dem er sein Leid klagte, tröstete ihn: – „Schickt sie mir. Vielleicht haben sie zu meinem Handwerk mehr Lust als zu dem Euren."

Der Töpfer folgte diesem Rate; aber seine faulen Söhne sträubten sich auch gegen den Unterricht, den sie beim Schuster und ebenso bei einem Sattler, einem Schneider, einem Schlosser, einem Glaser nehmen sollten, zu denen sie nach und nach in die Lehre kamen. Sie hielten es nirgends aus; sie blieben dabei: – „Wir wollen keinen anderen Beruf ergreifen, als einen, zu dem man nichts zu lernen braucht."

Endlich sagte der Vater in seiner Verzweiflung: „Auf dem Dorfe finde ich nimmermehr, was ihnen paßt, ich will mich in der Stadt umsehen."

Er ging mit seinen beiden Söhnen und kam bald darauf allein zurück.

„Habt Ihr sie untergebracht?" fragten die Nachbarn, und er antwortete: „Jawohl." – „Und in welcher Art? Was ist das für ein Beruf, zu dem man nichts zu lernen braucht? Doch wenigstens einer, der Euch ein großes Anlagekapital wird gekostet haben?"

„Je nun", erwiderte der Töpfer, „meinem Peter habe ich Papier, Federn und Tinte kaufen, und meinem Paul einen schwarzen Anzug machen lassen müssen. Der Peter ist nämlich Schriftsteller, und der Paul Landtags-Abgeordneter geworden."

Palemon.

Palemon, der Maler, hatte ein Bild vollendet, welches er „Die Königin des Orients“ nannte.

Zenobia war auf demselben dargestellt, wie sie, umringt von ihren Feldherren, Magiern, Wahrsagern, Künstlern und Gelehrten, die Huldigung der ihr unterworfenen Völker empfing. Das Gemälde erweckte Entzücken bei Laien und bei Kennern. Die letzteren lobten besonders die Charakteristik.

„Wenn man“, sagten sie, „die ganzen Figuren samt Gewändern und Kopfschmuck verdecken, und nur die Gesichter unverhüllt lassen würde, jeder Kenner der ruhmvollen Vergangenheit unseres Vaterlandes müßte ausrufen: Diese ehernen Züge können nur die des Kriegshauptmanns Phuhl, und jener kann nur Kalassar der Fürst sein, von dessen Taten unsere Geschichte erzählt, und dieser Divonibar, der unfehlbare Magier. Und dort – o, das ist sie, Zenobia die Große, die Einzige, deren Anblick uns auf die Kniee niederzwingt. An den Stufen ihres Thrones steht Longinus, der Rhetor. Seht um seine Lippen den Genius der Beredsamkeit schweben!“

Palemon lächelte zu diesem Lobe: „Wäret ihr doch in meine Werkstatt gekommen und hättet meine Modelle gesehen“, sprach er. „Wisset, jener Kopf, von dem ihr meint, er müsse der des berühmten Redners sein, ist der Kopf meines stummen Pferdelenkers; zum Vorbilde der keuschen Zenobia, vor welcher ihr in Anbetung versinkt, hat mir die Tänzerin Myra gedient; zu dem des Magiers...“

Die Kritiker fielen ihm ins Wort: „Um so höher preisen wir dich, du Maler des Unsichtbaren. Zweiter Prometheus, der die Gebilde seiner Hand zu beseelen versteht mit Funken himmlischen Feuers. Seht sie leuchten aus der niederen irdischen Form! Seht auf vergänglichen Stirnen unsterbliche Schönheit thronen. Aus den Augen einer Hetäre grüßt uns der Geist der großen reinen Zenobia, der Mund eines stummen Knechtes spricht Worte des Lebens."

Ein fremder Kunsthistoriker, der von weither gekommen war, um das Bild Palemons zu sehen, erhob seine Stimme: „Toren, veraltete Schwärmer!" rief er, „wo bleibt bei dieser Auffassung die Wirklichkeit, die Natur? Glaubt nur: Derjenige, unter dessen Pinsel eine Zenobia zur Hetäre und ein feiner Denker zum rohen Tölpel wird, steht der Wahrheit näher als ihr."

Die einheimischen Kritiker wollten den Fremden sofort steinigen; aber Palemon hielt sie davon ab:

„Das wäre das Rechte – totmachen, den man nicht widerlegen kann. Nicht k a n n!" donnerte er die Einwendungen seiner Anhänger nieder, „es sei denn, ihr wüßtet, was vorherrscht auf Erden: Licht oder Schatten, Blüte oder Fäulnis, das Gute oder das Böse. Aber ihr und der und ich, wir wissen es nicht, wir glauben nur, und die Jünger dieses Fremden tun wie die meinen: sie schaffen im Sinne ihres Glaubens. Ihr großer Irrtum jedoch ist es, daß sie sich für die einzigen Vertreter der Wahrheit in der Kunst halten, weil sie malen und bilden, was jeder, auch der Gemeinste, sieht. Ich erhebe denselben Anspruch auf treue Wiedergabe der Natur, wie sie, wenn es mir gelingt, überzeugend darzustellen, was ich allein gesehen habe: einen edlen Zug im Angesicht der Verworfenen, einen Blitz des Geistes im Auge des Einfältigen. Unsere alte und das, was sie die neue Kunst nennen, können übrigens nebeneinander bestehen und sind, wie mich dünkt, Schwingungen desselben Pendels."

Das Beste.

Zu dem Erdgeist Gaeus war das Mondwesen Elanuh zu Besuch gekommen. Sie flogen zusammen durch die herrlichsten Gegenden der Erde, und Elanuh, entzückt von dem Anblick der Wiesen, der Wälder, der Flüsse und Seen, rief aus: „Sie haben einen schönen Wohnplatz, die Menschen, es muß sich gut auf ihm leben lassen."

„Ja wohl", erwiderte der Erdgeist mit Stolz, „besonders dann, wenn sie, die atmen in dieser reichen Natur, mit ihrer höchsten Kraft begnadet und fähig sind, das Beste, das es gibt, zu empfinden."

„Was ist das Beste?" fragte Elanuh.

„Die Liebe", entgegnete der Erdgeist.

Während ihres Gespräches schwebten sie über den Dächern einer großen Stadt. Auf einem Hügel, das Häusermeer beherrschend, erhob sich ein fürstlicher Palast. Elanuh flog über das vergoldete Gitter, das denselben umringte, ließ sich an einem der Fenster hingleiten und guckte voll Neugier in ein prunkhaft eingerichtetes Schlafgemach.

Da sah er ein Weib auf dem Boden liegen, ein reizvolles Weib, in der Fülle des Lebens. Sie raufte ihr Haar und rang verzweiflungsvoll die Hände vor einem Christusbilde an der Wand, und betete:

„Gib es nicht zu, o Herr! Errette mich! Laß mich nicht unterliegen in Schmach. Nimm mich zu dir, eh' ich verderbe! ... Denn ich verderbe, Herr – ich bin verloren. Ich war eine treue Frau, eine gute Mutter, und bin nun verloren. – Herr! Herr! ... Der du für uns geblutet hast, sieh meinen Undank ...

Lasse deine Blitze auf mich niedersinken – ich frevle, indem ich zu dir bete, denn während des Gebets denk' ich nur Sünde... Töte mich, retten kannst du mich nicht mehr!"

Sie zerriß ihre prächtigen Gewänder und raste in Verzweiflung gegen sich selbst.

Elanuh wandte sich ab und sprach zu Gaeus: „Die Unselige ringt wie in den Krallen eines wilden Tieres. Was ist die Ursache ihrer Leiden?"

Gaeus, etwas verlegen, antwortete: „Die Liebe."

Er flog weiter mit seinem Gaste, bis dieser vor einer Dachkammer Halt machte, die, trotz der vorgerückten Nachtstunde, noch erleuchtet war. Wieder guckte er durch das Fenster und überblickte einen kleinen Raum, eine Stätte der Armut. Auf einem Bänkchen, an der Wand, saß ein greises Ehepaar Schulter an Schulter, und Elanuh hörte die Alten jammern und wehklagen.

„Sie hat uns verlassen, sie hat uns dem Elend preisgegeben. Was bleibt uns noch übrig, als zu sterben, da sie fort ist, unsere Erhalterin, unsere Trösterin, unsere Einzige!"

„Fluch ihm, der unser Kind verleitet hat", sprach der Greis, und hob die geballte, zitternde Faust gen Himmel. – Und die Greisin, mit dem Aufblitzen des Wahnsinns in ihren trüben Augen, wiederholte: „Fluch ihm!"

„Komm näher, Gaeus", sprach Elanuh, – „sieh diese Armen, und sage mir, welche Macht konnte eine gute Tochter bewegen, ihre Eltern, die hilflosen, – die sterbenden, in solchem Elend zurückzulassen?"

Gaeus senkte das Haupt und murmelte: „Die Liebe."

Abermals nahmen sie ihren Flug, und plötzlich schoß Elanuh aus seiner Höhe zu einem kleinen, ebenerdigen Hause herab. Er schmiegte sich an das Fenster einer einfachen, weiß getünchten Stube, und erblickte ein liebliches Mädchen, das halb ausgekleidet an ihrem Bette lehnte. Mit dem Ausdruck der Todesangst ruhten ihre Augen auf einem jungen Manne, der vor ihr stand, verstört und bleich.

„Geh", beschwor sie ihn – „der Vater erwacht. – Geh – was willst du von mir?"

„Dich fragen: Ist morgen deine Hochzeit?"

Sie brach in Tränen aus: „Quäle mich nicht – frage nicht, was du weißt."

„So i s t deine Hochzeit?" sprach er knirschend.

Das Mädchen schluchzte: „Du weißt es ja, und wem mein Herz gehört, das weißt du auch."

Wild und glühend sah er sie an: „Wenn du nicht lügst, einen Kuß denn! – den ersten, den letzten: Ich will's!"

Verstohlen zog er mit der Rechten ein Messer hervor, riß mit dem linken Arme die Widerstrebende an sich, küßte sie und stieß ihr den Stahl in die Brust.

„Alle guten Geister! ... Was hat diesen Mann zum Mörder gemacht?" fragte Elanuh.

Gaeus verhüllte sein Antlitz und antwortete: „Die Liebe."

„Und das ist das Beste, was es auf Erden gibt?" rief sein Gastfreund entsetzt. „Der gnädige Schöpfer steh' mir bei. Ich wünsche nichts mehr von eurem Besten zu sehen. Lebe wohl."

„Verweile", bat Gaeus. „Ein unglücklicher Zufall hat uns geführt. Ich zeige dir andere Bilder."

„Sei bedankt, du vermagst mir keine zu zeigen, welche mich diese vergessen machen könnten."

Und ehe Gaeus ihn zurückhalten konnte, war Elanuh entflohen nach seiner kühlen Heimat.

Die Anhänger.

Ein Schneckenmännchen, voll Ehrgeiz und großen Ideen, – mit gutem Recht der Stolz seiner Nation, – unternahm es, an einer hochpolierten, steinernen Gartenbank emporzuklimmen. Dort oben, meinte er, müsse ein weiter Ausblick und eine ganz neue Weltanschauung zu gewinnen sein.

Nach langem mühe- und gefahrvollen Ringen gelang es ihm endlich, die Kante der Banklehne zu erreichen.

Behaglich sah er sich um und dachte: Am Ziele seiner Wünsche zu stehen, ist doch wunderschön; es gibt der Schnecke ein äußerst wohltuendes Selbstbewußtsein. Übrigens habe ich mich umsonst geplagt, denn die Welt nimmt sich von dieser hohen Warte nicht anders aus, als von meiner alten Wohnung im Felsenspalt.

Das sagte er auch seinen zahlreichen Anhängern, die sich ringsum im Grase versammelt hatten, um ihn zu bewundern. Aber sie erwiderten: „Verzeih', das können wir nicht glauben. Dein Haus badet im Azur, deine Hörner reichen ans Himmelsgewölbe. Bei Tag kannst du schwelgen in Sonnennähe, bei Nacht Fangball spielen mit den Sternen. O, du Großer, sei auch großmütig, gönne deinen treuen Anhängern Anteil an deinem Glücke! Hilf deinem Nebentier, hilf ihm zu dir hinauf!"

Immer hartnäckiger bestürmten sie ihn, und begannen schon, ihm von allen Seiten nachzukriechen. Da er einsah, daß sie Vernunft nicht annehmen wollten oder vielleicht nicht – konnten, wohl auch geschmeichelt durch ihr Vertrauen, tat er, was sie verlangten. Er kam den Tollkühnen entgegen, beschützte die Zagenden, bugsierte den, schob jenen vorwärts... alles vergeblich. Die Schnecken waren ungeschickt, und als sich zuletzt gar zu viele von ihnen auf einmal an den Herrn Patron ankletteten, verließ ihn die Kraft, und er plumpste samt seinen Klienten auf die Erde nieder.

Da schämte und grämte er sich sehr und verlor seinen ganzen Anhang. Alle seine ehemaligen Verehrer aber erklärten einstimmig: Die Leute an sich reißen und sie dann ohne weiteres fallen lassen, ist doch gar zu schnöde! –

Der Verwöhnte.

Die Göttin des Glückes verließ einen ihrer Lieblinge. Weil sie ihm aber noch im Scheiden einen Rest von Huld bewahrte, sprach sie zu ihm: „Einen Schein von mir sollst du behalten. Er sichert dir bis an dein Ende Einfluß, Macht, die Gunst und das Vertrauen der Menschen.“

Dabei nahm sie einen Strahl aus ihrem Sonnendiadem und warf ihn dem einst Geliebten zu.

Er wich aus.

„Was tust du?“ fragte die Göttin; „ein Schein von Glück gilt auch für Glück.“

„Dem nicht, der dich ganz besessen“, sprach er, und wandte sich ab. „Elend sein und glücklich scheinen, ist die größte Qual.“

Prophetenlos.

Ein Prophet, eine Leuchte der Welt, war fern von seiner Heimat hochbetagt gestorben. Tausende hatten ihm das letzte Geleite gegeben und sich dann zerstreut. Seine Jünger jedoch blieben trauernd an seinem Grabe stehen, und einer von ihnen sprach:

„Wie gern wüßte ich, ob sich auch an diesem Großen, diesem Weisen und Guten, an diesem Wohltäter der Menschheit das gewöhnliche Prophetenlos erfüllt! Wie gern wüßte ich, ob auch er daheim nichts gegolten hat!"

„Überzeugen wir uns davon an Ort und Stelle", versetzte ein Zweiter. „Ich sehne mich sehr, die heilige Stätte kennen zu lernen, an welcher er geboren ward und seine besten Mannesjahre verlebt hat."

Die beiden traten die Wanderung an, und feierliche Wehmut ergriff ihre Herzen, als sie in der Nähe ihres Reisezieles anlangten, eines hübschen Städtchens, das zwischen grünen Hügeln und wohlbebauten Feldern dalag und in der Morgensonne schimmerte.

Die Jünglinge begaben sich nach dem Marktplatze, wo das Rathaus stand, und wollten eben an die Tür pochen, als sie sich öffnete und der Bürgermeister, begleitet von einem Dutzend Räten, heraustrat. Er ließ einen flüchtigen Blick über die Fremden gleiten und schien unangenehm verwundert, als diese es wagten, ihn ohne weiteres anzureden.

Mit halbem Ohre hörte er ihre Mitteilung an, daß sie die Überbringer einer erschütternden Botschaft seien, sagte: „Bedaure, bedaure", und wollte vorübergehen. Aber einer der Jünglinge hielt ihn am Ärmel fest, und der andere sagte: „Der größte Mann, den eure Stadt je hervorgebracht hat, ist in unserer Weltstadt verschieden."

Bei diesen Worten verbreitete sich ein patziges Lächeln über die Züge des Bürgermeisters und über die aller seiner Beamten. Dreizehn Gesichter nahmen plötzlich denselben Ausdruck an, in dreizehn Köpfen stieg ein und derselbe Gedanke auf: Der größte Mann ist nicht gestorben, denn ich lebe!

Nun riefen die Jünglinge der stumpfen Gilde den Namen des Verehrten zu; er brachte nicht den geringsten Eindruck hervor. Die Räte zuckten die Achseln, und der Bürgermeister sprach:

„Von seiner Berühmtheit ist hier nichts bekannt. Übrigens, seht die alte Frau, die daher kommt, die gehört zu seiner Familie, die wird euch bessere Auskunft über ihn geben können, als wir. Sprecht aber laut, denn sie ist halb taub."

Voll Ehrfurcht gingen die Jünglinge der Greisin entgegen, die eines Blutes mit dem geliebten Meister war, meldeten ihr in schonender Weise seinen Tod und beklagten, daß er in seiner Vaterstadt nichts gegolten habe.

„Nichts gegolten?" wiederholte die Alte, die von der ganzen Rede nur die letzten Worte und den Namen des Verewigten verstanden hatte. Und sehr geschmeichelt durch die Aufmerksamkeit, welche die Fremden ihr erwiesen, und durch die Spannung, mit welcher sie ihrer Antwort harrten, setzte sie mit vertraulichem Schmunzeln hinzu: „In seiner Familie hat er wohl für etwas gegolten, nämlich für einen armen Tropf."

Ungelöste Aufgaben.

Eine kluge Prinzessin wurde von einem beschränkten, aber sehr mächtigen König geliebt und schenkte seinen Werbungen kein Gehör. Als er immer dringender und infolgedessen lästiger wurde, beschloß sie, ihn für immer aus ihrer Nähe zu entfernen. Dies mußte jedoch in Güte geschehen, denn die Feindschaft des starken Nachbarn wollte die Prinzessin ihrem Lande nicht zuziehen.

So sprach sie denn eines Tages zu ihm: „Deine Treue hat mich gerührt, und ich will sie belohnen. Du sollst mein Gemahl werden, wofern es dir gelingt, die Aufgabe zu lösen, welche ich dir stellen will."

Der König rief: „Nenne sie; wenn es im Bereiche menschlicher Kraft liegt, werde ich sie erfüllen."

„Zieh hin", erwiderte die Prinzessin, „und suche mir die folgenden drei Dinge ausfindig zu machen:

„Ein Vorurteil, das durch Vernunft besiegt wurde."

„Eine Torheit, die so groß ist, daß noch kein Mensch sie begangen hat."

„Eine Lästerung, so schamlos, daß sich keine Zunge findet, um sie zu wiederholen."

Der König lachte und gab Befehl, die Hochzeitsfeier zu bereiten, denn er meinte, in wenigen Tagen schon seine Braut heimzuführen. Dann begab er sich auf die Reise.

Dies geschah vor tausend Jahren, und bis heute ist er noch nicht zurückgekommen.

Die Brüder.

Es lebten einst zwei Brüder, denen die Fähigkeit gegeben war, Macht auszuüben über die Gemüter der Menschen.

Der Ältere suchte die Darbenden auf und sprach ihnen von ihrem Rechte auf Genuß. Er ließ die Arbeitenden die Wonnen des Müßigganges kosten und entflammte die Besitzlosen zum Kampfe gegen die Besitzenden. Verherrlichung aller Handlungen der Armen und Elenden, Verhöhnung und Verdächtigung jeder Tat der Kinder des Glückes war das zweischneidige Schwert, das er mit glühender Überzeugung führte und das ihm einen blind ergebenen Anhang erwarb.

Der Jüngere predigte durch Wort und Beispiel nicht einer bestimmten Klasse, sondern allen Menschen. Er pries die Hochgeborenen und Reichen nicht als die besonders Begünstigten und bejammerte die Niedrigen und Armen nicht als die Enterbten des Geschickes. Er forderte von allen gleiche Strenge gegen sich, das gleiche Mitleid mit dem Nächsten, die gleiche Gerechtigkeit gegen den Feind, und von allen Arbeit. Vom Armen, weil sie Brot ist für Weib und Kind, vom Reichen, weil sie die freiwillige Armut ist. Seine Stimme konnte grollen wie der Donner, und seine Augen konnten dräuen wie der Blitz. Schonungslos schwang er die Geißel über die, die er am meisten liebte, und heischte von ihnen fast ebensoviel Selbstverleugnung, wie von sich selbst.

Einmal geschah es, daß die getrennten Wege der Brüder sich kreuzten, und sie einander gegenüberstanden.

„Wie viele Anhänger hast du?“ fragte der Ältere den Jüngeren.

„Ich habe Zehn gewonnen“, lautete die Antwort, und der ältere Bruder versetzte:

„Und ich Zwanzigtausend.“

In der folgenden Nacht hatte jeder von ihnen einen Traum, der ihm die Zukunft zeigte. Der Ältere sah sich im Sarge liegen, umtobt von dem Streite derer, die das Erbe seiner Macht antreten wollten. So viel Redegewandte, so viel kleine Scharen, die sich um dieselben sammelten und ihren Schmeicheleien und Verheißungen und ihren Anklagen der Mitbewerber Glauben schenkten. In Fähnlein zerstückelt, stob das große Heer auseinander.

Der Führer keuchte und stöhnte im Schlafe; sein Lebenswerk, die Partei, die er gegründet, endete mit ihm.

Der Jüngere sah im Traume Wallerzüge durch die Fluren schreiten. Singend, Blumen und Palmen tragend, pilgerten sie zu einem grünen Hügel, der sich außerhalb der Mauer eines Dorfkirchhofs erhob. Sie kamen aus allen Weltgegenden, fremd in der Sprache, im Aussehen, im Gehaben. Aber am gemeinsamen Ziele angelangt, erkannten sie, daß sie Brüder waren. Sie reichten einander die Hände über dem Grabe und riefen in den verschiedensten Sprachen einen ihnen heiligen Namen.

Es war der des Träumenden – er hatte eine Religion gegründet.

Etwas Mythologie.

Es ist nicht allzulange her, da wurden von den Schicksalsgöttinnen die Menschenlose des kommenden Jahrhunderts – jetzt das unsre – gewoben und gestaltet. Die schwerwiegenden und die im Alltagsgeleise leicht hingleitenden, die dunkeln und die hellen waren bestimmt. Über Glück und Unglück und über alles, was sie herbeiführt, war verfügt. Nur eines blieb noch vorzunehmen, eine schwierige Verteilung – die des dichterischen Genius.

„Tun wir einmal etwas Außerordentliches!“ sagte die jüngste der Schwestern, „schenken wir den ganzen Reichtum einem einzigen Sterblichen, lassen wir den einen die poetische Leuchte des ganzen nächsten Zeitalters sein.“

Die zweite Schwester war mit dem Vorschlag einverstanden, die älteste nicht – durchaus nicht! Wovon lebt der Olymp? – Von der Tradition. An der Tradition darf nicht gerüttelt werden. Wie sie es bestimmt, sollen auch im kommenden Zeitalter einige Auserwählte mit einer der höchsten Gaben des Göttervaters begnadet werden.

Die jüngeren Schwestern beharrten auf ihrer Meinung, ein Streit entbrannte, wurde immer heftiger, zog immer weitere Kreise, und bald beteiligte sich an ihm der ganze Olymp.

Kupido, der in den Armen seiner Mutter eingeschlafen war, erwachte über dem Lärm und sah verdrossen um sich. Auf dem Altar vor den Schicksalsgöttinnen stand ein ihm unbekanntes Ding: Eine geschlossene Schale aus verdichtetem, zugeschliffenem Äther, in der es geheimnisvoll qualmte und wallte und mit dem Glanze von hundert Sonnen glühte.

Geblendet, von einer wilden Laune erfaßt, lief das Knäblein hinzu, ergriff die Schale und schleuderte sie in weitem Bogen in den Weltenraum hinab.

Das herrliche Gefäß zerschellte an Monden und Sternen, und sein himmlischer Feuerstrom ergoß sich, in einen Funkenregen zerstiebend, über die Erde.

Dort sieht man jetzt unzählige große und kleine Lichter glänzen – nirgends aber lodert eine Flamme.

Die Aufrichtigkeit.

Die Aufrichtigkeit schritt eines Tages durch die Welt und hatte eine rechte Freude über sich.

– Ich bin doch eine tüchtige Person, dachte sie; ich scheide scharf zwischen gut und schlecht, mit mir gibt's kein Paktieren; keine Tugend ist denkbar ohne mich. Da begegnete ihr die Lüge in schillernden Gewändern, an der Spitze eines großen Zuges. Mit Ekel und Entrüstung wandte die Aufrichtigkeit sich ab. Die Lüge ging süßlich lächelnd weiter; die letzten ihres Gefolges aber, kleines, schwächliches Volk mit Kindergesichtchen, schlichen demütig und schüchtern vorbei und neigten sich bis zur Erde vor der Aufrichtigkeit.

„Wer seid ihr denn?" fragte sie.

Eines nach dem andern antwortete: „Ich bin die Lüge aus Rücksicht." – „Ich bin die Lüge aus Pietät." – „Ich bin die Barmherzigkeitslüge." – „Ich bin die Lüge aus Liebe", sprach die vierte, „und diese Kleinsten von uns sind: das Schweigen aus Höflichkeit, das Schweigen aus Respekt und das Schweigen aus Mitleid."

Die Aufrichtigkeit errötete, sie kam sich plötzlich ein wenig plump und brutal vor.

Eine Nachfeier.

Lange schon weilte Goethe im Olymp; er war dort heimisch geworden, hatte seine Kunst immer weiter ausgeübt, und sie entfaltete eine Blütenpracht, von der die Götter selbst geblendet waren. Der große Dichter nahm ihr Lob wie etwas Erfreuliches hin; dennoch schwebte eine Sehnsuchtswolke über seiner Stirn, und in seinen vom Sonnengott selbst um ihren Glanz beneideten Augen schimmerte manchmal eine Träne.

Vater Zeus bemerkte es und sprach: „Deine olympische Zufriedenheit ist nicht vollkommen. Was fehlt dir, Wolfgang?“

„Kronide“, erwiderte Goethe, „der Umgang mit Menschen fehlt mir. Diese Wesen haben mir während meines Erdendaseins freundliche Gesellschaft geleistet. Sie haben auch jedes Wort, das von meinen Lippen fiel, aufgehoben, artig einbalsamiert und mit einigem Eifer registriert und bewahrt zum Nutzen und heiteren Genuß ihrer Nachwelt. Wie würde es mir jetzt doch willkommen sein, Vertreter dieser Nachwelt, besonders die jüngsten und also fortgeschrittensten, die Ururenkel meiner Riemer, von Müller, von Meyer, Boisserée, Eckermann und so weiter, hier zu sehen! Ich fühle mich oft gestimmt, ihnen einiges aus den wunderlichen Werken meiner olympischen Periode mitzuteilen.“

„Ein bescheidener Wunsch, den ich gern erfülle“, sprach Jupiter und winkte.

Im nächsten Augenblick war Goethe umringt von einer Schar fast noch kindlicher Jünglinge und Mädchen. Sie umjauchzten, umschwärmten, umschmeichelten, umarmten ihn. Er wurde angefleht, beschworen, ja bedroht und – schwieg. Immer höher hob sich sein Haupt, immer strenger verzogen sich seine Lippen, und – er schwieg. Schwieg wartend, wartete schweigend, aber der Sturm legte sich nicht.

– Endlich streckte er den Arm aus... Zum Halbgott verklärt stand er da, frei von jedem Zug nach Irdischem; auf seiner Brust erlosch ein Stern, mit einer Gebärde, bei der die letzte Spur von Geheimrätlichkeit entwich, wies er den Bedrängern die Pforte.

„Ich staune", bemerkte Jupiter, „warum hast du sie weggeschickt, ohne ihnen etwas von deinen aufgehäuften Geistesschätzen gespendet zu haben?"

„O du Bester und Höchster", lautete die Antwort, „ahnt dir, was sie wollten? Die einen Autographen, die andern wünschten mich zu interviewen, noch andre erkundigten sich, ob mein Verhältnis zu Charlotte von Stein platonisch gewesen; einige schleppten einen ansehnlichen Trichter herbei und verlangten, daß ich meinen Erlkönig hineinsprechen möge."

„Die meisten werden aber doch nach den Werken deiner olympischen Periode gefragt haben."

„Nein. Die meisten wollten mir die ihren vorlesen."

Ein Zukunftsbild.

Ein zwölfjähriges Bübchen des zweiundzwanzigsten Jahrhunderts, das sehr klug war, schon eine Geliebte und eine Glatze hatte, stöberte gern im Trödel auf dem Speicher. Eines Tages fand es dort die halb verwitterten Reste eines Buches, überflog ihren Inhalt, stutzte plötzlich – begann nachzusinnen. Diese Beschäftigung setzte es eine Weile fort und begab sich dann zu seinem Vater.

„Da bin ich", sprach es, „auf ein seltsam fremdes Wort gestoßen, habe bis zur Erschöpfung darüber spekuliert, aber dunkel blieb mir seine Bedeutung."

„Wie lautet es?" fragte der Vater.

Das müde Knäblein buchstabierte mit leise hinfließendem Tone: „Rit-ter-lich-keit."

„Ritterlichkeit?" Mählich ließ der Vater den mageren, blassen Zeigefinger der überdamenhaft schmalen Hand zur neurasthenischen Stirn emporschweben. „Ritterlichkeit?" wiederholte er visionär; „mir ist, als hätte ich deinen Großvater dereinst etwas ähnlich Klingendes aussprechen gehört. Warte – ich will nachschlagen – in einem alten Wörterbuch."

Die Freunde.

Zwei Freunde und Studiengenossen hatten durch eine Reihe von Jahren die selbe wissenschaftliche Richtung verfolgt. Doch kam die Zeit, in der ihre Wege sich trennten und sie sich entgegengesetzten Zielen zuwandten. Mit leidenschaftlichem Bemühen suchte einer dem andern zu beweisen, daß er auf falscher Fährte sei und einer furchtbaren Täuschung entgegen steuere. Jeder Angriff auf einen vermeinten Irrtum des Freundes wirkte wie ein Hammerschlag, der die bestehende Überzeugung noch mehr befestigte. Unerschütterlich war die eines jeden der beiden; und als sie es endlich einsahen, gaben sie den Kampf auf.

Ohne ausgesprochenen Vorsatz, gleichsam von selbst, fand ein stillschweigendes Übereinkommen zwischen ihnen statt. Sie wollten Fragen, die für sie ewig Streitfragen bleiben mußten, nicht mehr berühren. Sie wollten durch rücksichtsvolles Schweigen ihre Achtung – nicht für die fremde Überzeugung, sondern für den, der sie hegte, bekunden.

Sie verkehrten miteinander scheinbar in alter Herzlichkeit, sprachen lebhaft von Dingen, die in zweiter Reihe ihres Interesses standen, aber von dem, was ihnen das Teuerste und Wichtigste war und die Achse bildete, um die ihr ganzes Leben sich drehte – kein Wort.

Große gegenseitige Hochachtung belohnte diese Rücksicht, wenn sich auch manchmal ganz leise in tiefster Seele die Empfindung regte, daß sie eine beschämende Komödie spielten.

Die Hochachtung war ja noch da, war wie in Erz begründet, erhob sich zwischen ihnen, eine edle Schutzwehr, an der nur leider das Vertrauen und die Liebe so lang anprallten, bis sie sich endlich abstumpften.

Die Halben.

Es gab einmal in Griechenland eine Zeit außerordentlicher Fruchtbarkeit. Eine Menge Kinder kam täglich zur Welt, und Juno, die Geburtshelferin, wußte vor Arbeit nicht ein noch aus. Müde und abgehetzt kam sie zu Jupiter und sprach:

„Zwanzigtausend Kinder sind in Aussicht; hast du Vorrat an Seelen?"

„Einigen, allerdings", erwiderte der Beherrscher des Olymps, „aber für zwanzigtausend Menschlein reicht er nicht aus."

„Für wie viele denn?"

„Nun – zur Not für zehntausend."

„Das ist ja viel zu wenig! Was fangen wir nun an um Jovis willen?"

„Wir geben jedem nur eine halbe Seele; man muß sich zu helfen wissen."

Bald darauf liefen zwanzigtausend Leute mit halben Seelen herum, und sie waren die Vergnügtesten in ganz Griechenland und wurden um ihren guten Humor viel beneidet, am meisten von den Seelenvollen.

Offenbarung und Wissenschaft.

Der Schöpfer sprach: „Die Rose werde!“ Und eine herrliche Rose entfaltete sich auf sein Geheiß.

Der Schöpfer sprach: „Die Rose werde!“ Und ein Keimchen entstand. Es schwoll und trieb, es machte ungezählte Wandlungen durch, und nach unermeßlichen Zeiträumen entfaltete sich eine herrliche Rose.

Auf dem Wege.

Ein Sklave in Damaskus hatte zeitlebens den heißen Wunsch, nach Mekka zu pilgern. Als er alt und gebrechlich geworden war, schenkte sein Herr ihm die Freiheit. Sogleich griff er nach seinem Stabe und wollte die Wanderung antreten. Aber nach den ersten Schritten schon brach er zusammen, vom Hauch des Todes angeweht. Mitleidige beklagten sein trauriges Schicksal; doch er verwies es ihnen mit den Worten:

„Beneidet mich vielmehr; ich sterbe auf dem Wege nach dem Ziel meiner Sehnsucht."

Seherauge.

Ein Jüngling trat in eine Gesellschaft schweigender Weisen. Er sah ihnen in die ehrwürdigen Gesichter und sprach dann laut die Gedanken eines jeden von ihnen aus.

Sie staunten und fragten: „Wer bist du, du Schauender?"

Der Jüngling antwortete: „Ich bin ein Poet."

Mütterliches Bedenken.

„Das Herz ist ein hohler, empfindungsloser Muskel, der im tierischen Organismus die Funktionen einer Pumpe versieht."

Die Tochter lernt das in der Schule. „Entsetzlich!" meint die Mutter. „Wie soll ein Mädchen sich noch bemühen, einen empfindungslosen Muskel zu erobern?"

Jenny Geddes.

Es ist ganz merkwürdig, wodurch manche Menschen zur Berühmtheit gelangen. Handlungen, von denen die Nachwelt nicht die geringste Notiz zu nehmen pflegt, haben, in einer gewissen Stunde, an einem bestimmten Orte vollzogen, ihrem Urheber einen unvergänglichen Namen gemacht.

Da ist zum Beispiel Jenny Geddes, die fromme Puritanerin, die, von protestantischem Eifer erfüllt, im Jahre 1637 in der Hochkirche von Edinburg dem im Ornate zelebrierenden Bischof ihren Faltstuhl an den Kopf warf. Nun frage ich, wie viel Leute haben nicht schon in einem Augenblick der Aufregung einem Nebenmenschen einen Stuhl an den Kopf geworfen, ohne dadurch etwas andres zu werden als straffällig. Jenny Geddes Faltstühlchen indessen schwirrte durch das Gotteshaus, und „Kirche und Staat gerieten in Aufruhr, Adel, Geistlichkeit und Bürger traten zusammen, faßten den *Covenant* ab“. Die *Glorious Revolution* hatte begonnen – und Jenny Geddes rasche Tat sicherte ihrer Urheberin ein Anrecht auf Unsterblichkeit.

Dem Faltstuhl, den sie mit sicherer Hand geschleudert, entschwebten die *Habeas-Corpus*-Akte, freie Parlamente, die Selbstherrlichkeit eines Volkes.

Die angenehme Eigenschaft.

Die Ehrlichkeit hatte das Tun und Treiben der Liebenswürdigkeit eine Zeitlang beobachtet. „Höre“, sprach sie zu ihr, „ich habe etwas recht mißfällig bemerkt – du versündigst dich alle Augenblicke an mir.“

Die Liebenswürdigkeit brach sogleich in Tränen aus und schluchzte: „O weh, das ist ja mein Unrecht oder vielmehr mein Unglück! So klar ich meinen Fehler einsehe, so tief meine Beschämung über ihn ist, ob ich will oder nicht – ich muß ihn begehen, ich muß mich betätigen an jedem, der mir in die Nähe kommt. Meine eigenste Natur zwingt mich dazu.“

„Du folgst ihr wieder, indem du das eingestehst“, versetzte die Ehrlichkeit; „und wer dürfte leugnen, daß sie eine nette Natur ist? Trotzdem kann ich dich den Tugenden absolut nicht ebenbürtig nennen; zu dem Rang erhebe nur ich. Du bist eben eine angenehme Eigenschaft.“

Die Unüberwindlichen.

Allerlei Tugenden und Untugenden, allerlei gute und üble Eigenschaften hatten sich versammelt, vertrugen sich, verkehrten friedlich miteinander. Nur die Dummheit verstand keinen einzigen Spaß, fühlte sich beleidigt bei jedem noch so unabsichtlich gesprochenen Scherzwort, hielt sich abseits und schmollte.

Die Nachsicht und das Wohlwollen traten zu ihr: „Komm“, sagten sie, „mische dich in unsre ohnehin gemischte Gesellschaft. Du brauchst keine Beleidigung zu fürchten; wir haben Mitleid mit dir und nehmen Rücksicht auf deine Hilflosigkeit.“

Da ließ ein häßliches Kichern sich hören – die Bosheit hatte es hervorgebracht und sprach: „Strengen Sie sich nicht an, meine Herrschaften; meine Freundin bedarf weder Ihres Mitleids, noch Ihrer Rücksichtnahme. Wenn nur ich ihr meine Stütze leihe, ist sie mächtiger als ihr alle zusammen!“

Große Ähnlichkeit.

Die Herzensgüte begegnete eines Tages einem Wesen, das ihr auf den ersten Blick zum Verwechseln ähnlich sah.

„Wer bist du?“ fragte sie, „wer geht einher in meiner Gestalt?“

Das Wesen verneigte sich tief und erwiderte:

„Verzeih, ich bin’s – ich bin die Höflichkeit.“

Vertrauen.

Ein großer Sünder lag im Sterben.

„Bete! Bereue!“ flehten die Seinen ihn an; „in wenigen Augenblicken wirst du vor dem ewigen Richter stehen.“

„Den Allwissenden fürchte ich nicht“, sprach der Sünder und starb in Frieden.

Spricht die Stufe:

„Du Tor! du Tor! weil du mich überschritten hast, verachtest du mich? Ständest du, wo du stehst, wenn ich nicht gewesen wäre?“

Tageskritik.

Alle Augenblicke wird ein armer Marsyas geschunden – nur nicht von einem Apoll.

Ein Dunkeltier.

Ein Maulwurf, gefräßig wie alle, die seines Geschlechtes sind, war auf einem Raubzug begriffen. Er wurde von einem Füchslein beobachtet, das ihn nach einer Weile fragte:

„Warum gehst du immer nur der Nase nach? Mach doch die Augen auf!"

„Werde mich wohl hüten", erwiderte der Maulwurf, „es könnte mir ja Licht hineinfallen."

Berühmtsein.

„Berühmt möchte ich sein“, sagst du und weißt nicht, was du redest. Berühmt sein heißt, mit nackten Füßen über ausgestreute Glasscherben dahinschreiten.

Ewig neu.

Gott schenkte den Menschen einige Leidenschaften und einige Gedanken, und Satan sprach: „Warum so karg?“

Und Gott sprach: „Sie haben genug, um sich bis ans Ende der Welt in jeder Stunde einzubilden, daß sie ganz Neues empfinden und denken.“

Die Überlebenden.

„Nein, diese Eintagsfliegen, wie keck die werden!“ sagte eine junge Hummel zu ihrer Mutter. „Überall drängen sie sich vor, man sieht und hört nur sie; wir sind wie weggewischt, von uns nimmt niemand Notiz.“

Die Hummelmutter schüttelte ihren dicken Kopf: „Was liegt daran? Sie haben ja nur den einen Tag.“

„Aber nach ihnen kommen neue, immer und immer neue, und den ganzen Sommer hindurch spielen Eintagsfliegen die erste Rolle in der Welt.“

Jetzt lächelte die Hummelmutter: „Und rechnest du das Bewußtsein für nichts, so viele Generationen überlebt zu haben?“

Der Schatten.

Ein großer und guter Mensch wurde zu Grabe getragen. Die Besten des Landes bildeten sein ehrenvolles Geleite, und tiefe Trauer sprach aus dem Angesichte eines jeden von ihnen.

In der Nähe des Sarges aber, jetzt an seiner Seite, jetzt ihm folgend oder ihn umkreisend, schwebte ein grauer Schatten.

Nicht alle sahen ihn, nur wenige, und sein Anblick schnitt denen am tiefsten ins Herz, die den Guten und Großen gekannt hatten wie sich selbst und Rechenschaft geben konnten von jeder Stunde seines reinen Lebens.

Die Trauerfeierlichkeiten waren vorbei, die Teilnehmer traten den Heimweg an.

Einer – der treueste – blieb am Ausgang des Friedhofs zurück und sah noch einmal nach der Ruhestätte des Freundes hinüber.

Der Schatten war nicht von ihr gewichen, er hob und senkte sich, bildete wallende Wolken, nahm abenteuerliche Formen an, schien verweht von einem Lufthauche, ballte sich dann um so dichter zusammen, und der Beobachter wußte:

Er wird nie weichen, nie vergehen, er ist unsterblich und unüberwindlich. So oft die Wahrheit ihre leuchtende Fackel in seine dumpfe Finsternis stieß, erlosch die leuchtende Fackel. Er hat den Glanz eines edlen Daseins getrübt, er wird ein edles Andenken verdunkeln und beschmutzen, er ist ja die ewig neu und ewig wieder aus sich selbst erzeugte Frucht der Niedertracht und heißt – Verleumdung.

Nach besten Kräften.

Ein Käferchen hatte nach vielen gescheiterten Versuchen endlich mit großer Mühe und großer Ausdauer die Spitze eines Grashalms erklommen. Nun sonnte es sich auf seiner Höhe, spreizte wonnig die Flügel und war vergnügt bis in den letzten Winkel seiner Käferseele.

Da kam ein Esel des Wegs, blieb vor ihm stehen und lachte es aus: „Du meinst wohl Gletscherluft zu atmen auf deiner Grashalmzinne?"

Ein alter Löwe kam ebenfalls vorbei, blieb ebenfalls stehen und betrachtete den kleinen Emporkömmling mit Wohlgefallen: „Heil dir, Käferchen", sprach er, „du hast das Ziel deines Strebens erreicht; das gelingt nicht jedem Löwen."

Der Vergötterte.

In der Hauptstraße einer kleinen, hochkultivierten Stadt gingen dreihundert Schriftsteller und vierhundert Schriftstellerinnen spazieren. Unter ihnen herrschten im Innern wie im Äußern große Verschiedenheiten, sämtlich aber waren sie selbstbewußt.

Plötzlich entstand in ihren Reihen und Gruppen eine Bewegung. Ausrufe wurden laut, alle Hälse streckten sich. Alle Blicke flogen einem Herannahenden zu, der in der Avenue zu den Gartenanlagen erschienen war.

Die Schriftsteller beugten die stolzen Häupter, die Schriftstellerinnen übertrafen im Knicksen die höflichste Japanerin. Herren und Damen machten Spalier.

„Er kommt! Er wird gleich da sein!" lief es von Mund zu Mund.

„Wer?" fragte eine kurzsichtige Lyrikerin ihren Nachbarn, einen Werte umwertenden Novellisten.

Und er, unter rieselnden Schauern, hauchte:

„Ein Leser!"

Lysipp.

Ein Steinmetz hatte dem Lysipp durch längere Zeit als Handlanger gedient. Er war von Begeisterung für die Werke des Meisters beseelt, und dieser holte gern die Urteile des schlichten Mannes ein, freute sich seines Lobes, ließ gar oft seine naiven Einwendungen gelten. Ihm war leid, als er das Interesse an seinen Arbeiten bei dem guten Gesellen immer mehr abnehmen sah, als er immer seltener erschien und endlich ganz fortblieb. Von Ungeduld und Sorge ergriffen, machte Lysipp sich eines Morgens auf und ging zu ihm. Er fand ihn im tiefen Schlafe in einer Ecke der Werkstatt. Neben ihm die ausgebrannte Lampe. Offenbar hatte er die Nacht bei der Arbeit durchwacht – Bildhauerarbeit. Welchen Schlages, Ihr, Talent spendende, Ihr, Talent verweigernde Götter!

Er wußte nun, warum ihm die Teilnahme seines guten Gesellen verloren gegangen war.

Der Steinmetz war selbst produktiv geworden.

Erziehungsresultate.

Fath Ali hatte hundertundfünfzehn Söhne. Hundert waren fein gebildet, fünfzehn waren Lümmel. Da vertraute er die fünfzehn ihren hundert Brüdern zur Erziehung an und verreiste für ein Jahr. Nach seiner Heimkehr freute Fath Ali sich darauf, seine Söhne durchweg als Musterbilder edler Sitten anzutreffen, besuchte sie und fand – hundertundfünfzehn Lümmel.

Im Alter.

Alles verläßt uns im Alter, die Treue des Gedächtnisses, die Schärfe des Verstandes, die Fähigkeit des Fleißes, zuletzt versiegt sogar der Quell unsres guten, braven Talents. Nur eines bleibt dem Begnadeten, steht noch vor seinem brechenden Auge – die schöne Illusion.

Ein Traum im Traume.

Mir träumte, ich hätte das vollkommene Luftschiff erfunden und sei mit ihm an eine so ferne Stelle im Weltraum gelangt, daß erst jetzt Bilder von Ereignissen zu ihr drangen, die sich vor tausend und abertausend Jahren auf unsrer Erde abgespielt hatten.

Ein überraschender Anblick stellte sich im Äther mir dar. Ich sah eine große Menge brauner, schlanker Menschen mit der Ausführung eines riesigen Bauwerks beschäftigt. Sie projizierten, visierten, gruben, hämmerten und sägten an ungeheuren Blöcken, hieben gewaltige Stufen zu. In der Höhe über ihnen schwärmten Flieger, die ich anfangs für vielgestaltige Vögel hielt. Es waren aber keine Vögel, es waren Luftfahrzeuge der verschiedensten Art nach allen Systemen, die wir kennen, erbaut, aber jedes zur höchsten Vollkommenheit ausgebildet. Sie kamen von überall daher, mit dem Winde, gegen den Wind, mit rasender Eile herabgewirbelt, nahe dem Boden sachte hingleitend. Sie kamen, schwer beladen mit Wüstensand, mit Ziegeln und Nilschlamm, mit Quadern und auch mit Melonen, Datteln, Bananen, Granatäpfeln, köstlichen Früchten der sonnengeliebten, sonnengeküßten Tropen. Ein Ewigkeits-, ein Pyramidenbau war's, der sich mir darstellte, und die beschwingten Helfer nahmen den armen Fronern die schwerste Arbeit ab und brachten ihnen Nahrung und Erquickung. O die herrlichen Wohltäter, edle Erzeugnisse des schaffenden Menschengeistes; damals schon standen sie in Übung und Gebrauch und waren mit einer uralten Kultur vom Erdboden verschwunden.

Mir aber, mir war es gegeben worden, sie zu neuem, unermeßlich erhöhtem Leben zu erwecken. Mit jubelvoller Dankbarkeit pries ich mein Geschick und hatte im Traume den wonnigen Traum von einer in heller Blüte der Wohlfahrt stehenden Welt. Durch meine Flieger – sie wurden Legion – stieg der Verkehr zu fabelhafter Höhe, dem Handel und Wandel die Pfade bereitend. Hungersnot kannte man nur noch dem Namen nach; trat Mißwachs in einem Lande ein, stellte ein andres, wenn auch auf der jenseitigen Hemisphäre gelegen, unverweilt Lebensmittel in Fülle zur Verfügung, sehr froh, Absatz für seine reiche Ernte zu finden. Der Wohlstand wuchs und mit ihm die Gesittung. Die wilde Habgier erlosch; leicht wird ein guter Gönner, wer nicht selbst allzu bitter entbehrt. Verleumdung, tendenziöse Lobpreisungen beeinflußten das Urteil eines Volkes über das andre nicht mehr; dieses Urteil bildete sich aus eigener Anschauung, eigener Erfahrung. Aus dem Verständnis erwuchs die Gerechtigkeit, die, was gilt, auch gelten läßt; ein Band von Geist zu Geist bildete sich, die Kunst der einen erweckte die Bewunderung der andern, und ihre Wissenschaft wurde ihnen nutzbringend und ehrwürdig. Trennende Grenzen fielen, es gab keine Fremde mehr, alle Menschen hatten nur eine mit gleich heißer Liebe gehegte Heimat – die Erde.

Wohltäter, Erlöser aus materieller Not waren die Flieger einem alten Volke gewesen – was sie einem fortgeschrittenen Zeitalter werden konnten, ermißt die Phantasie eines Sterblichen nicht.

Von einem Wonnerausch erfaßt, ein glückseliger Glückbringer, flog ich pfeilgerade dem Erdball zu und nahm die Richtung nach einer Werkstätte, in der emsige Erfinder mit der Herstellung von Flugmaschinen beschäftigt waren. Eine Weile beobachtete ich ihr Treiben, und ein großes Mitleid erfaßte mich. Ich sah ihr rastloses Mühen und seine Erfolglosigkeit, die Gefahren, denen sie sich tollkühn aussetzten, die Enttäuschungen, die ihnen bevorstanden...

Kinder! Kinder! wollte ich ihnen zurufen und ihnen die Lösung des großes Rätsels darlegen. – Da begannen sie zu sprechen, sich zu beraten, und ich erschrak, ich zögerte – und schwieg.

Worauf sannen diese Erfinder? Was war das Ziel ihrer Bestrebungen? ... Kriegszwecken sollten ihre Flieger dienen, Mordwerkzeuge gedachten sie herzustellen. Sie hatten nicht genug an ihren weittragenden Geschützen, die, meisterlich gehandhabt, die Reihen der Gegner niedermähen wie Gras, wie reifes Korn – aus den Wolken wollten sie kommen, als Feuerhagel herunterprasseln auf Menschenbrüder, auf unsre geliebte Heimat: Erde.

„Lebendiger Gott, laß D i e s e die Lösung nicht finden, D i e s e nicht!" schrie ich auf und erwachte.

König Ahmed.

König Ahmed hatte zwei wißbegierige Söhne: Behmed und Cehmed.

Und der König schenkte seinem Erstgeborenen, Behmed, tausend gute Bücher und seinem Zweitgeborenen, Cehmed, ein gutes Buch.

Und die wißbegierigen Söhne lasen in einem fort.

Und Cehmed wurde weise und Behmed wurde dumm.

Die Pygmäen.

Zwei reisende Pygmäen erfuhren zufällig, daß ein großes Etwas, an dem sie vorbei gekommen waren, ein Riese gewesen sei. Nach Hause zurückgekehrt, erzählten sie von diesem Erlebnis und wurden mit Fragen bestürmt.

„Einem Riesen seid ihr begegnet – das ist ja ungeheuer merkwürdig! Wie sieht er denn aus, so ein Riese? Wie ist er denn?“

Die Kleinen nahmen etwas wegwerfende Mienen an und sagten: „Wie soll er sein? – staubig ist er.“

Sie hatten nur den Rand seiner Stiefelsohlen gesehen.

Mein Freund Tully.

O, er war ein großer Mensch! Ein siegreiches Genie, eine gewaltige Natur. Ein Adler an Schwung, ein Löwe an Mut, ein Elefant an Weisheit, und in ihm grunzte auch ein kleines Schwein.

Eine Erinnerung.

Ich hatte einen alten Freund. Er war ein großer Schauspieler. Wir wohnten nicht in der selben Stadt, doch besuchte ich ihn von Zeit zu Zeit. Beim Wiedersehen begrüßte er mich jedesmal mit einem Jubelschrei und stürzte mir mit ausgebreiteten Armen entgegen.

Vor dem Scheiden gab es dann schmerzvoll verzogene Mundwinkel, Kummerfalten die Wangen entlang, eine verdüsterte Stirn, trauerbeseelte Händedrücke.

Eines Tages kam es anders.

Mein Freund war bei meinem Abschiedsbesuch ungewöhnlich heiter und lebhaft, und als ich aufstand und sagte: „Nun lebe wohl, in einem halben Jahre bin ich wieder da", erhob auch er sich rasch.

„Gut also, gut", sprach er hastig, „in einem halben Jahre. Wort halten. Adieu, adieu. Ich kann, weißt du, das Abschiednehmen nicht mehr leiden."

Seine Stimme klang rauh und gepreßt, er sah an mir vorbei, während er mich zur Wohnungstür geleitete. Wortlos schloß er sie hinter mir.

Ich aber wußte nun, daß ich ihm lieb geworden war im Laufe der langen Jahre.

Der Rätselstein.

(Nicht erfunden, nur nacherzählt.)

Nach den heiligen Stätten von Kasan wallten Jünglinge, Männer, Greise im langen Pilgerzug. Betend und singend wanderten sie über Unland und graue Steppen und gelangten zum hochberühmten Rätselsteine. Halb schon in den Boden versunken lag der mächtige Würfel; wuchernde Flechten umschleierten ihn. Zerstört durch die kleinen Kräfte der zu Eis gefrorenen Regentropfen waren einzelne Buchstaben der Inschrift:

„Hebe mich, und du wirst das Geheimnis wissen."

Hunderte und Tausende hatten hier geweilt, gelesen, gesonnen, und waren weitergezogen, denn ihnen graute. Die Jünglinge aber, die Männer dieser Pilgerschar sprachen: „Wir ziehen nicht vorbei, wir wollen das Geheimnis wissen."

Und sie mühten sich, gruben und harkten zwei Tage und zwei Nächte lang. Die Erde trank ihren Schweiß und das Blut ihrer zerschundenen Hände. Am Morgen des dritten Tages hoben und wendeten sie den Block und fanden in seine untere Fläche eingegraben – eine zweite Inschrift, schwer zu entziffern, seltsam. Schweigend starrten sie einander an. Einer der Greise trat hinzu. Er las:

„Was sucht ihr? – Es ist nichts."

Da befahl er: „Verschüttet den Stein!"

Der Lastträger.

Ein schwer beladenes, mageres Eselchen wurde von einem kräftigen, wohlgenährten Esel eingeholt, der mit seiner kaum spürbaren Last munter einhertrabte. Als dieser sah, wie geduldig der arme Mühselige seine Bürde schleppte, blieb er stehen und ließ auch die eigene ihm auf den Rücken gleiten:

„Du trägst schon so viel“, sagte er, „so trag auch das!“

Verstiegen.

Ein hohes Ziel, von mächtiger Hand gesteckt, sollte erreicht werden. Der Sieggewohnte, der auch bisher allen andern voraus gewesen war, geriet auf eine schroffe Klippe, von der es kein Empor- und kein Zurückgelangen mehr gab.

„Verstiegen!" riefen schadenfroh die auf breitgetretenen Pfaden weiterklimmenden. Und der Kampfrichter sprach:

„Ja! um sich aber so zu versteigen, muß man ein guter Schreiter sein."

Frau Gutmütigkeit.

Frau Gutmütigkeit sitzt dick und breit in ihrem Hause beim Souper, läßt sich's schmecken und lacht vor Vergnügen am eigenen Wohlbefinden. Da klopft es, und eine helle Stimme spricht:

„Frau Gutmütigkeit, laßt mich ein, es regnet."

„Wollen sehen", sagt Frau Gutmütigkeit. „Wer bist du denn?"

„Ich bin der Herr Verstand."

„Der Herr Verstand? ... So, so? – Ja, dann tut es mir leid. Du bleibst draußen, deine Gesellschaft muß ich meiden. Wie ich höre, entwickelst du dich gern auf meine Kosten."

Alsbald vernahm man ein Klatschen – der Herr Verstand hatte die Hände über dem Kopf zusammengeschlagen: „O Sie Vorurteil!" rief er, „Sie altes, eingefleischtes Vorurteil! Erfahren Sie und merken Sie sich! Ich entwickle mich nie auf Kosten von irgend etwas oder von irgend wem. Allem und jedem, dem ich mich zugeselle, gebe ich zu, ich bin immer ein Spender; ich kläre, stärke, bereichere immer. Hören Sie?"

Sie hörte ihn, ließ ihn aber doch nicht ein.

Plato nennt die Verwunderung die Mutter alles Schönen und Guten.

Wir verwundern uns überhaupt zu wenig, unter andrem aber *viel* zu wenig über die kleinen, unscheinbaren Zufälle, die uns fortwährend begegnen. Geringfügigkeiten, ein Schritt, ein Wort zu wenig oder zu viel. Und doch haben sie einmal eine drohende Gefahr abgewendet, ein Unglück verhütet, haben uns ein andres Mal um ein Glück gebracht, durch dessen rasches Erfassen unser ganzes Leben eine bessere, schönere Richtung erhalten hätte.

Denke, beobachte, vertiefe dich, und du wirst staunen über das dicht verschlungene Gewebe, in dessen Mitte du stehst, und dessen labyrinthischen Windungen nachzuspüren dein Scharfsinn nicht scharf genug, dein Blick nicht durchdringend genug ist.

Manchmal nur geschieht's, daß in diesem geheimnisvollen Gespinste ein Faden sichtbar wird, den du vermagst im Auge zu behalten auf seinem ganzen Wege bis ans Ziel. Vor dir liegen alle Möglichkeiten der Folgen deines Tuns; du siehst, was geworden wäre, wenn du damals statt kühn zaghaft, zaghaft statt kühn, hart statt milde, milde statt hart, mißtrauisch statt vertrauensvoll, vertrauensvoll statt mißtrauisch gewesen wärst, wenn du gesprochen statt geschwiegen, geschwiegen statt gesprochen hättest. Und dich ergreift ein tiefes Entsetzen, wohl auch eine bittere Reue oder ein feuriges Dankgefühl, indem sich dir offenbart, was hätte werden können – „wenn du damals..."

So vielleicht...

Wir leiden oft schwer im Traume und erwachen mit dem Gefühl, ein großes Unglück erfahren zu haben. Aber ein Augenblick des Besinnens, und verschwunden ist der Schmerz, der noch leise in uns nachgezittert hatte. Kaum, daß im Laufe des Tages eine unklare Erinnerung an ihn, als fliegender Schatten, vor unserm inneren Auge dahinzieht.

So vielleicht wird in einem zukünftigen, wachen Leben die Erinnerung an unsres Erdendaseins oft qualvollen Traum als fliegender Schatten vor uns auftauchen.

Gleichnis.

In einem einst mächtigen Reiche erhob sich ein altehrwürdiger, prachtvoller Bau. Seine Fundamente griffen tief in die Erde, seine Kuppel verlor sich in den Wolken. Unabsehbar, unzählig waren seine hochragenden Hallen, die schönsten Werke der Kunst schmückten seine Altäre, vom hohen Chore erklangen herzerhebende Gesänge, seelenbefreiende Musik.

Jahrtausende gingen und kamen, gewaltige Erdbewegungen entstanden und erschütterten den tausendjährigen Bau in seinen Grundfesten. Er wankte, seine Säulen barsten, seine Quadern zerspellten, seine hochragenden Gewölbe stürzten ein. Aber die den Glauben an seine Ewigkeitsdauer von Vätern und Urvätern übernommen hatten, hielten fest an ihm. Sie wanden sich in den Hallen durch Grus und Geröll, sie beteten an den zertrümmerten Altären und empfingen dort Labsal, Trost und Gnadengaben.

Da kam ein Weltweiser, der sprach: „Ihr seid in Gefahr, verschüttet und in Finsternis begraben zu werden", und trug den ehrwürdigen Bau bis auf den Grund ab.

Die Menschen jedoch gaben nicht zu, daß er abgetragen sei, vor ihren Augen ragte er immer noch in unerloschener Herrlichkeit; sie wallfahrteten nach wie vor zu ihm hin und empfingen nach wie vor Labsal, Trost und Gnadengaben.

Und auf der leeren Stätte steht jetzt wirklich ein Ewigkeitsbau, denn der Glaube hat ihn errichtet.

Ein Anderes.

Ein Gewaltiger hatte auf dem Hauptplatz einer Weltstadt in heißer Arbeit vieler Jahre einen Tempel auferbaut. Seine Wände waren aus Granit, seine Pforten waren aus Erz, seine Kuppel ragte in die Wolken. Die Menschen fuhren und ritten, tanzten und liefen und schritten an ihm vorbei und – sahen ihn nicht. Sie stießen an ihn an, die Fuhrwerke kippten um, die Reiter stürzten von den Pferden, die Tanzenden, Eilenden, Schreitenden schlugen sich an seinen Quadern die Nasen platt, schlugen sich auch die Schädel ein und sahen den Tempel noch immer nicht. Und als eines Tages ein Weltstadtferner, Weltstadtfremder kam und sagte: „Da steht ja ein herrlicher Tempel; seine Wände sind aus Granit, seine Pforten aus Erz, seine Kuppel umspielen die Wolken", erhob sich ein allgemeines Gelächter.

Er schwieg und begriff: Sie sehen ihn nicht. Die Zeit, in der sie alle ihn sehen werden, muß erst kommen.

Aber wie wird ihnen dann ihre Stadt erscheinen?

Der Maler.

Im verheißungsvollen Japan lebte ein berühmter Schlachtenmaler. Seine Bilder wurden zu den höchsten Preisen verkauft; die ganze japanische Welt war darüber einig, daß er der größte Künstler sei, der je gelebt habe. Er freute sich dieser Anerkennung, wurde aber doch immer von dem Zweifel gequält, ob denn sein Ruf auch so felsenfest begründet sei, daß ihn nichts erschüttern könne.

Eines Tages legte er eben die letzte Hand an ein neues, großes Bild, als sich eine Schar seiner glühendsten Verehrer in sein Atelier drängte und in so frenetisches Lob ausbrach, daß er sich angewidert fühlte und die ganze Gesellschaft hinaus komplimentierte.

Ergrimmt und all den Schwätzern zum Hohne, nahm er sein Bild und stellte es verkehrt auf die Staffelei. Was Himmel gewesen, wurde Erdboden, was Erdboden gewesen, wurde Himmel. Statt der Köpfe der Reiter und Pferde ragten ihre Beine in die Höhe; er gab ihnen bacchantische Bewegungen, er ließ Fahnenstangen, Schwertspitzen, abgeschlagene Gliedmaßen von Menschen und Tieren, Hufe und Schuhe durcheinanderwirbeln, und als man um keinen Preis mehr erkennen konnte, was auf dem Bilde eigentlich zu sehen war – stellte er es aus.

Das Publikum und die Kritik standen in seliger Verblüffung davor. „Eine Offenbarung“, hieß es, „das dionysische Wirrsal einer ganz neuen Kunst!“ So massenhaft strömten die Leute herbei, daß der Meister, der sich einmal verkleidet in die Nähe seines Werkes stahl, Gefahr lief, erdrückt zu werden.

Lachend ging er zu dem einzigen Kunstkenner, an dessen Urteil ihm lag, und der bisher geschwiegen hatte.

„Und was sagst denn du?“ fragte er ihn.

Der Kenner zuckte die Achseln und erwiderte wegwerfend: „Du darfst auch das.“

Da lachte der Künstler und ging seelenvergnügt seiner Wege. Ihm war nun ausgemacht, daß er einen Ruf besaß, den nichts erschüttern konnte.

Gegenstück.

Ein junger Künstler hatte den Gipfel des Ruhmes erreicht. Dort oben machte er sich's behaglich und schlief auf einem Lorbeerpfühle ein. Als er am nächsten Morgen erwachte, fand er sich mit Entsetzen ganz unten im Tale, am Fuße des Berges liegend, den er gestern erstiegen hatte. Auf dessen Gipfel aber machte sein ärgster Widersacher sich breit.

„Was ist das?“ rief er aus. „Wie bin ich da so ahnungslos heruntergerutscht? Ist dieser Gipfel am Ende einer, den man täglich neu erklimmen muß?“

Vox populi.

Ein äußerst bedachtsamer Gutsherr hatte nach langem Suchen und Überlegen einen Hausmeier aufgenommen. Kaum war das geschehen, als die andern Diener kamen und warnten:

„Schicke ihn wieder fort, er ist ein Dieb."

„Habt ihr Beweise?"

„Das nicht."

„Woher also wißt ihr, daß er ein Dieb ist?"

„Alle Leute sagen es."

„Was verlangt ihr noch mehr?" sprach der Gutsherr erfreut; „ich behalte ihn."

Zwei Ungläubige.

Zwei Ungläubige betraten eine Kirche, in der eben das Meßopfer abgehalten und zur Wandlung geläutet wurde. Der eine blieb aufrecht stehen, der andre kniete mit den Betenden nieder.

„Wie konntest du knien?“ fragte ihn beim Fortgehen sein Gefährte, „du glaubst ja nicht.“

„Ich beugte mich vor dem Glauben der andern“, erhielt er zur Antwort.

Der Mittelpunkt.

Die Feder des Schreibenden spritzte, und unter kaum sichtbaren Pünktchen war eines, das sich spreizte und ausrief:

„Ich bin der Mittelpunkt!“

Alle richtigen Punkte, die stolz auf den ihnen angewiesenen Plätzen saßen, brachen in zorniges Gelächter aus:

„Da hätte viel eher einer von uns Anspruch darauf, ein Mittelpunkt zu sein!“

Die Kleinen widerbellten, und sofort entbrannte ein heftiger Streit.

Der Schreibende schlichtete ihn mit dem guten Rat:

„Es beziehe doch jeder einzelne von euch alles, was rings um ihn vorhanden ist und geschieht, auf sich selbst, dann wird auch jeder von euch ein Mittelpunkt sein.“

Der Bildhauer.

Der Meister gehört nicht zu den vom Glück Begünstigten, von Ruhm Umschmeichelten. Sein Atelier am Lungo Tevere gibt ein beredtes Zeugnis davon. Es erhält sein Licht durch ein breites Fenster über der einem Scheunentor ähnlichen Tür, und man tritt unmittelbar von der Straße in den kahlen, mäßig großen Raum. Sein ganzer Schmuck besteht aus einigen Gipsmodellen und einigen verstaubten Reliefs an den getünchten Wänden.

In klarer Schönheit aber stehen vor uns die zwei letzten Arbeiten des Künstlers.

Die eine, schon in Marmor ausgeführt, ist die Statue einer Verstorbenen. Ein paar Photographien von ihr und die Angaben ihrer Kinder waren alle Behelfe, die man ihm bieten konnte. Aber ein guter Stern waltete über dem Werke. Der Meister gab dem Steine nicht nur die feinen und noblen Züge, die edle Gestalt und Haltung der teuren Frau, er hauchte ihm auch ihren ernsten Geist, die milde und stille Hoheit ihres Wesens ein. Auf sehende Augen wirkte seine Schöpfung mit der Wärme des Lebens.

Eine zweite Arbeit ging ihrer Beendigung entgegen; ein Denkmal für die Ruhestätte des Leiters einer katholischen Schule in Kanada.

Sie war ebenso weit entfernt von „fabriksmäßigem Denkmalsbetrieb“ wie von den Erzeugnissen impressionistischer Plastik. Die zwei dargestellten Personen bildeten eine Gruppe.

Der Lehrer, ein ehrwürdiger Priester, im langen, faltenreichen Talar, hielt mit der linken Hand einem etwa achtjährigen Knaben ein aufgeschlagenes Buch vor und bezeichnete mit dem Zeigefinger der Rechten eine Stelle darin.

Der Schüler war eitel Aufmerksamkeit. Ein köstliches Geschöpf dieser kleine Römer, in seinem tiefen Versunkensein; bezaubernd der Ausdruck des Gesichtes mit den noch ganz kindlichen und doch schon fein ausgeprägten Zügen. Der Kopf, der zarte Nacken, den der Kragen des Matrosenkleides weich und lose umschloß, waren etwas geneigt, aber die Arme kreuzten sich energisch über der Brust, und das Knäblein stand da, kräftig und schlank und gesund wie eine junge Edeltanne.

„Sie haben sich ja als Modell zu Ihrem amerikanischen Seminaristen ein prachtvolles römisches Kind ausgesucht, lieber Meister", sagte ich.

Er lächelte stolz und beseligt: „Es ist mein Ältester." Und angeregt durch mein Interesse und durch meine Fragen, sprach er von diesem „Ältesten", sprach in seiner sanften und bescheidenen Weise, mit dem wehmütigen Selbstbewußtsein derer, die, des reichsten Glückes würdig, keines erfahren haben. Er blieb äußerst zurückhaltend im Lobe seines Kindes, aber jeder Laut seiner Stimme verriet die unsägliche Liebe, der es entquoll, und je bemühter er war, keine parteiische Eingenommenheit zu verraten, um so geneigter fühlte man sich, dem Knäblein alles Beste zuzutrauen.

Daß ich dem kleinen Wundermann noch nie begegnet war, daran trug nur der Zufall schuld. Er kam oft ins Atelier, um seine Aufgaben zu machen, hatte sein Tischchen da stehen, an dem er schrieb und arbeitete.

Eines Tages begleitete ich eine Bekannte, die die Statue unsrer Verstorbenen sehen wollte, in die Werkstätte, und gleich beim Eintreten fiel mir etwas Neues, eine mit feuchten Tüchern umwickelte Büste auf.

„Eine Bestellung?" fragte ich hocherfreut.

„Nein, das nicht."

„Und was denn?"

Eine Arbeit, die er zu seinem Vergnügen unternommen, sagte er, und erwiderte, als ich bat, ihre Bekanntschaft machen zu dürfen, es sei noch etwas früh, aber – wenn ich es wünsche...

Die Verhüllung wurde entfernt, und ich hatte das Mißvergnügen, meinem Ebenbilde ins Gesicht zu sehen.

Es war nur ein Entwurf, doch konnte ich mich des Ausrufs nicht erwehren: „Ich bin's, und schon zum Entsetzen ähnlich!"

„Das dürfen Sie nicht sagen", sprach er, „um *Ihret*willen nicht und um *meinet*willen nicht, denn Sie erinnern mich sehr an meine entschlafene Mutter."

Ich hatte ihn verletzt, bereute meinen unwillkürlichen Schreckensruf und suchte mich bei dem Künstler zu entschuldigen. Es verdroß ihn nun sehr, daß er mir seine Arbeit im Anfang des Anfangs, im noch ganz rohen Zustand gezeigt.

Aber er hatte eben gehofft, daß ich ihm meine Hilfe gewähren und ihm einige Sitzungen geben würde. Und nun begannen wir einander gegenseitig anzuflehen. Er bat mich, ihm zu sitzen, und ich bat ihn, mich nicht darum zu bitten. Zuletzt blieb ich Siegerin mit meinen guten Gründen. Erstens, weil Porträts von mir nie besser gelingen, als wenn ich bei ihrer Herstellung nicht anwesend bin; zweitens, weil die Zeit meiner Abreise heranrückt, und ich mit jeder Minute geize, die ich noch auf *meinem* Forum, *meinem* Palatin, in stiller Verehrung meiner gemalten und gemeißelten Abgötter in den Galerien und Museen zubringen kann. Übrigens würde ich noch einigemal ins Atelier kommen, um mich des Gelingens einiger Retuschen, die er an unsrer Statue noch vornehmen sollte, zu überzeugen; da habe er Gelegenheit genug, neue Eingebungen für sein Gedächtniswerk zu sammeln.

Bei meinem nächsten Besuch lernte ich endlich seinen kleinen Sohn kennen. Gefährliche Bekanntschaft für eine Kinderfreundin! Der konnte mich in Versuchung bringen, das Forum und den Palatin und meine Abgötter aus Leinwand und Farben, aus Marmor und aus Erz da liegen und stehen zu lassen, wo sie lagen und standen, und mit ihm Ball zu spielen, einen Kreisel tanzen zu lassen oder zuzusehen, wenn er, wie jetzt, mit seinem festen, braunen Händchen große, kühne Buchstaben in sein Schreibheft malte.

Du lieber Junge! Alles Gute, das sein Vater von ihm gesagt hatte, bestätigte mir mein erster Blick in diese glanzvollen, vertrauensseligen Augen. Aus ihrem Dunkel brach das hellste Lebensmorgenlicht hervor, bezaubernd, ein konzentrierter Frühling. Frühlingshaft auch war der unschuldige Frohsinn, der aus ihnen strahlte, und vielleicht das Schönste an diesem schönen Kindergesicht der Mund mit den zarten, vollen Lippen von der Farbe einer eben aufgesproßten Granatblüte.

Wir waren bald geschworene Freunde. Mit etwas gönnerhafter Miene erzählte er von seinen Brüdern. Schutzbefohlene, kein Umgang, viel zu klein für ihn. Man mußte beständig auf sie acht geben, der Drei- und der Vierjährige wissen ja noch nicht, was sie tun. Gestern haben sie ihr Bilderbuch zerrissen, erst in große, dann in immer kleinere Stücke, und dann bitterlich geweint, weil sie kein Bilderbuch mehr fanden, als sie es am Abend suchten. Der Fünfjährige, der Rico, der will Bersagliere werden und hat schon einen Säbel, aber noch keinen Hut.

„Und was willst denn du werden?" fragte ich.

„Nun, doch Bildhauer, wie der Vater", antwortete er, ganz erstaunt, daß mir die Sache nicht ausgemacht sei. Der Vater brachte ihm manches Stückchen Ton mit nach Hause, daraus modellierte er Tiere und Menschen, am liebsten aber Madonnen mit dem Jesukinde. Er hatte einige Proben seiner

Kunst in der Tasche und zog sie hervor. Aber – o weh!... Dieser Aufenthalt war ihnen nicht zuträglich gewesen, sie hatten jedes charakteristische Merkmal eingebüßt, und traurig betrachtete Paolo die kleinen Mißgestalten.

„Weißt du was?" sagte ich, „heut über acht Tage komme ich wieder, da bringst du mir, sauber in ein Schächtelchen gebettet, eine neue Madonna, und ich bringe dir einen kleinen Beutel; in dem findest du, was du brauchst, um deinen Brüdern ein neues Bilderbuch und dem Rico überdies einen Bersaglierihut und dir selbst etwas zu kaufen, was dir eine rechte Freude macht. Willst du?"

Ob er wollte! In seinen schwarzen Augen gingen zwei Sonnen auf.

Ja, ja, ja! ich bekam eine Madonna, und ganz herrlich sollte sie sein, eine versilberte Krone sollte sie haben und das Christuskind eine vergoldete.

„Wirklich? Eine vergoldete?"

Ja, ja, ja! Und glänzen sollte sie.

Glänzen sogar? Das konnte ich mir kaum vorstellen und war im voraus schon geblendet von dieser Pracht.

Wie freuten wir uns beide!

Vater und Sohn begleiteten mich zu meiner einspännigen Karosse, und lange winkte Paolo mir nach, und aus der Ferne noch vernahm ich sein helles Jauchzen.

* * *

Tag und Stunde unsres Stelldicheins kamen, ich war zur Ausfahrt angekleidet und im Begriff, aus dem Zimmer zu treten, als heftig an der Hausglocke gerissen wurde.

„Niemand vorlassen! Niemand!" rief ich der Dienerin zu, die sich, ärgerlich über dieses stürmische Anläuten, ins Vorzimmer begab.

Gleich darauf erschollen von dort in höchster Aufregung ausgestoßene Laute einer fremden Stimme, und ganz bestürzt kam das Mädchen zurück und meldete, die Frau des Bildhauers schicke ihre Schwester, etwas Furchtbares habe sich ereignet.

Ich eilte der unerwarteten Besucherin entgegen. Sie zitterte am ganzen Leibe, ihr Gesicht, ihre Augen waren vom Weinen geschwollen.

„Signora, Signora – das Ärgste ... denken Sie – denken Sie, Signora“ ...

Der Atem versagte ihr. Ich ergriff ihre Hand und mußte sie zwingen, in einem Lehnstuhl Platz zu nehmen. Sie war ein junges, energisches Geschöpf.

„Einen Augenblick nur... Ich muß nur den Auftrag meiner Schwester bestellen... Sie läßt Ihnen sagen, Signora, daß Sie nicht ins Atelier kommen sollen... Paolo ist tot, Signora, und sein Vater rast umher wie verrückt.“

Sie brachte ihren schauerlichen Bericht abgebrochen, unter heftigem Schluchzen, hervor.

Paolo spielte auf der Terrasse, auf die die Wohnungstür sich öffnet. Im fünften Stock des Hauses wohnen sie. Immer spielen die Kinder auf der Terrasse – es ist nie etwas geschehen... Heute – Unglückstag... Vor ihren Augen... Eine Musikbande kommt vorbei. Paolo singt, tanzt, prallt im Tanz ans Geländer... Es gibt nach – er stürzt in die Tiefe.

„Signora, o Signora!“ Schrill und schneidend rangen sich die Worte aus ihrer Kehle. „Denken Sie – meine Schwester... Das Kind tot, der Mann dem Wahnsinn nahe, flucht und tobt und gibt uns allen schuld... Sie würden ihn nicht wiedererkennen, den guten, sanften Menschen!“

Ich konnte das Entsetzliche erst gar nicht fassen, schauderte beim Gedanken an die unglückseligen Eltern, hätte zu ihnen eilen mögen, sah ein, daß es nicht anging, einen Anteil zu verlangen an ihrem unantastbaren Schmerz, bat zuletzt um Erlaubnis, Tag um Tag Nachricht von ihnen einholen zu lassen. –

Die letzte Zeit meines Aufenthalts in der ewigen Stadt war mir vergällt. Ich sah meinen kleinen, rasch gewonnenen und plötzlich verlorenen Freund in jedem schönen römischen Kinde, und der Gedanke an den unglücklichen Vater Paolos verließ mich keinen Augenblick.

Wieder verging eine Woche; alles, was ich von dem schwer Heimgesuchten erfuhr, lautete immer gleich trostlos. Endlich brachte seine Schwägerin mir die Botschaft, er sei zum ersten Male wieder ins Atelier gegangen, und seine Frau lasse mich inständig bitten, ihn dort aufzusuchen.

Am Nachmittag fuhr ich hin, fand die Tür unversperrt und trat ein.

Der Künstler stand vor dem Ebenbilde seines Sohnes und betrachtete es unverwandt, so weltentrückt und versunken, daß er mein Kommen nicht bemerkte. Ich rief ihn an, er sah auf, stöhnte leise, breitete mir seine Arme entgegen und schloß mich an sein Herz. Ich konnte nicht sprechen, ich hielt nur seine Hand fest mit meinen beiden Händen.

„Verzeihung", sagte er. „Als Sie so plötzlich dastanden, war mir, als sei meine Mutter zu mir gekommen, um mich zu trösten. Aber das könnte auch sie nicht... Mit mir ist's vorbei, es ist aus, alles, alles aus!..."

Er rang die verschränkten Hände: „Gott – mein Gott... rennt ein Mann daher, sagt: ‚Sie sollen kommen – Ihrem kleinen Buben ist ein Unfall zugestoßen, man hat ihn zu uns ins Spital gebracht'... Ich erschrecke. ‚Ein Unfall – einem meiner Kleinen?' – ‚Ja.' – ‚Was denn? Was denn?' ‚Ich weiß nicht', sagt er. – Nun, ich voll Angst, folge ihm. Und im Spital sehen sie mich so merkwürdig an und führen mich – und schlagen die Decke zurück – und wie sie die Decke zurückschlagen, seh ich – mein Ältester ist es ... Er – er – Und wie ich ihn sehe, stoße ich einen Schrei aus" – Drohend hob er die Rechte empor:

„Den haben sie dort oben gehört!"

Er rang nach Luft, schritt ein paarmal auf und ab und sprach: „Die Mütter haben ihre Kinder gleich lieb, sie können das – sie haben jedes mit den selben Schmerzen geboren ... Mir war mein Ältester über alle lieb ..."

Der sonst so Stille und Wortkarge sprach und sprach, übersprudelte sich in seiner Rede, so daß ich Mühe hatte, ihm zu folgen.

Auf die Zeit kam er zurück, in der er um seine Frau geworben: „Als sie erfuhr, daß ich ein Bildhauer sei, wie war sie stolz! Ein Künstler hatte sie erwählt! Arme Frau – was sie bei mir erfuhr und mutig mit mir teilte, das waren Enttäuschungen, das war gar oft die Sorge um das trockene Brot. Ich bin keiner, der sich durchsetzt, ich habe keine eisernen Fäuste und keine spitzigen Ellbogen – ich werde zur Seite geschoben von solchen, die weniger können als ich ... Aber als er da war, als er heranwuchs, mein Sohn, hat mir nichts mehr weh getan. Ich säe, er wird ernten, ich bin klein geblieben, er wird groß werden ... Wie in ein Bereich voll Blumen, Früchten, voll Sonnenschein, blickte ich in seine Zukunft ... Er liebte alle, auch die Nichtguten – er konnte nicht anders, und alle die Guten und Nichtguten liebten ihn ... Auf Händen hätten sie ihn durchs Leben getragen ... Nie anders als groß, berühmt, geehrt sah ich ihn – und – – Herrgott! Herrgott! im Spital – als sie die Decke weggezogen – – was lag da vor mir! ... Am Morgen noch ein Kind, um das die Menschen mich beneideten und an dem die Engel im Himmel ihre Freude hatten, und – was lag da!"

Seine Stimme erstarb in einem Wimmern, er brach am Tischchen Paolos in die Knie, und auf die Platte gestützt, vergrub er sein Gesicht in seine Hände.

Nach einer Weile trat ich zu ihm und berührte seine zukkende Schulter.

„Stehen Sie auf, lieber Meister, ich bitte Sie, stehen Sie auf." Keine Antwort, doch erhob er sich und war nun ruhig – ruhig, wie völlig Abgespannte sind. „Und noch eine Bitte: nehmen Sie das Tuch weg von der Büste dort."

Er näherte sich seinem begonnenen Werke und tat, wie ich ihn gebeten hatte, mechanisch, wie etwas rein Äußerliches, das ihn gar nichts anging.

Ich setzte mich der Büste gegenüber: „Wo sind die Modellierstäbe? An die Arbeit, lieber Freund!"

Plötzlich kam wieder Leben in sein Gesicht. „Arbeit? Wissen Sie, was ich mir jetzt noch aus der Arbeit mache?" fragte er herb und verächtlich, riß die Steckel von dem Schemel, auf dem sie lagen, und ging mit starken Schritten und erhobener Hand auf das arme Tongebilde zu.

Ich aber dachte: Nun beginnt ein Zerstörungswerk.

Doch kam es anders.

Die erhobene Hand holte nicht zum Schlage aus, sie senkte sich. Regungslos blieb der Bildhauer vor seinem Modell stehen, mit verhaltenem Atem, wie festgebannt, wie einer Stimme lauschend, die ihm daraus entgegen klang...

Ein Gebet des nach Dasein verlangenden Geschöpfes zu seinem Schöpfer: „Vollende mich." Und was noch keiner sah, es schwebte ihm vor Augen – das Gewordene im Werdenden, das zu lebendigem Dasein erweckte Gedankenbild.

Ein langer, banger Augenblick – ein Starren, Sinnen, ein leises Flüstern: „Madre!" und zärtlich und schmeichelnd glitt der Modellierstab über die Stirn des alten, unschönen Gesichtes, glättete, vertiefte, deutete an. Dann wieder ruhte sein Blick lange, forschend, vergleichend auf mir, wandte sich zur Arbeit zurück, und in den eben noch so finstern Augen leuchtete der Widerschein der innerlich lodernden Flamme eines gottbegnadeten Könnens.

Was ich empfand, da es mir gegönnt war, diesen Übergang von lähmender Verzweiflung zur Ausübung einer Künstlerschaft, die alle Lebenskräfte anspannt, mitzuerleben, das war reines Glück, die höchste Dankbarkeit.

Die Sitzungen wiederholten sich, das Werk gedieh, und in dieser Zeit errang mein lieber Freund seinen ersten Sieg.

Ein Staatspreis war ausgeschrieben worden für ein Hautrelief, eine Apotheose des verstorbenen Königs. Als das Kuvert geöffnet wurde, das den Namen dessen enthielt, der alle Mitbewerber überflügelt hatte, sahen die Richter erstaunt, daß es ein ihnen völlig Unbekannter war.

„Der Ihre!“ triumphierte ich, als er mir die gute Nachricht mitteilte. „Der Ihre, und wird nicht lange mehr unbekannt bleiben.“

Er lächelte in seiner alten, stolz resignierten Weise: „*Chi lo sà?* Es gibt so viele Bildhauer!“

Egeria.

Ein Reiseerlebnis.

Auf meiner Schweizer Reise habe ich ein merkwürdiges Ehepaar getroffen. Sobald der Mann den Mund auftat, sprach die Frau: „Du willst sagen, daß…“ Und jetzt kam immer etwas Gescheites zutage. Vor einem schönen Landschaftsbilde, vor einem Kunstwerke hatte er geistvolle Gedanken, die seine Frau in Worte kleidete. Er nickte nur tiefsinnig und sagte: „Ganz recht.“

Eines Tages war sie unwohl, und er kam allein zur Table d'hote. Er hatte seine gewohnte, nobel herablassende Art, die gewisse Gebebewegung, mit der seine linke Hand – eine schöne Hand – sich geschmeidig im Knöchel drehte. Doch bewahrte er dabei ein fast schüchternes Schweigen. Wenn jemand etwas erzählte, nahm er eine wohlwollende, sehr teilnehmende Miene an, zog die Augenbrauen in die Höhe und ließ mehrere Male nacheinander ein angeregtes „So so!“ vernehmen. Das was alles, schmeichelte aber dem Erzähler ungemein.

Mich hatte der Zufall die selbe Reiseroute wählen lassen, die das Ehepaar nahm, und in den Eisenbahnwaggons, bei Bergbesteigungen, in den Hotels trafen wir täglich zusammen. Aber auch ein Vierter schloß sich unserm absichtslos geknüpften Bunde an, und dieser, wie mir schien, durchaus nicht absichtslos. Die schöne deutsche Frau hatte es dem Gallier angetan. Er bewunderte ihre Art, sich zu kleiden, ihre lieblich stolze Haltung und ganz besonders – ihren Gang: kein Trippeln, kein Schweben, – ein Schreiten, ein harmonisches Vorwärtskommen in gelassener Leichtigkeit, geradeaus, nicht bei jedem Schritt ein bißchen Kraft nach links und ein bißchen Kraft nach rechts von sich schleudernd, wie es bei vielen Frauen üblich ist. Nicht genug staunen konnte er darüber, daß sie, so groß, so majestätisch, doch voll Anmut war... herrlich, ganz einfach – herrlich! „Und", sagte er und sah mich pfiffig an, „welch ein Anempfindungsvermögen, welch ein Verständnis für den Geist ihres Mannes! Erstaunlich, nicht wahr?" – „Gewiß!" und wir lachten beide.

Er war klug, er tat sein Mögliches, um sich zuerst die gute Meinung des Ehemannes zu erwerben, gewann sie auch. Der Geheime Herr Kommerzienrat lächelte ihm gnädig zu, wenn er ihn von weitem schon ehrerbietig grüßte; auch über die lustigen Geschichten, die der Franzose zu erzählen wußte, lächelte er. Lachen konnte er so wenig wie eine Katze. Wenn aber wir beide über eine der kommerzienrätlichen Anekdoten, denen seine Gattin meistens die Pointe aufgesetzt hatte, aus Gefälligkeit schallend lachten, ging in seinem Gesicht die Sonne auf. Da blickte ihn seine Frau mit zärtlichem Triumphe an, und ihre ernsten, sanften Augen leuchteten in stillem Glück.

Ich war der Vertraute des jungen Bewerbers um ihre Gunst geworden. Er klagte und grollte: „Sie liebt ihn! liebt den Hohlkopf! Begreifen Sie das?"

„Es schien auch mir ein Rätsel; doch glaube ich es gelöst zu haben. Sie liebt ihn mit dreifacher Liebe. Als geborene Herrscherin, die sie ist, den treuen Vasallen; als Kinderlose mit aller in ihr aufgespeicherten Mütterlichkeit... und wie läßt er sich die gefallen! Andern gegenüber – gönnerhaft, götzenhaft, vor ihr – auf beiden Knien. Das hat so etwas ... das ist nicht unedel... in solcher Weise verwöhnt werden und den Verwöhnenden anbeten – kommt selten vor. Die dritte Liebe, nun – die stärkste, die zärtlichste: die Liebe des Künstlers zu seinem Werk. Er ist das ihre. Sie gibt in ihm ihre Gedanken heraus und – gestehen Sie – in einem Prachtexemplar.“

„Prachtexemplar“, gab er zu. „Der Herr Kommerzienrat mit den rosigen Wangen und den blonden Haaren ist das Bild eines Hermann der Cherusker, wie euer krankhaft ausgearteter Chauvinismus ihn malt.“

Ich konnte ihm diesen Ausfall, der überdies gar nicht zur Sache gehörte, nicht ungestraft hingehen lassen und sagte: „Und sie ist das Urbild einer Thusnelda unsrer Träume, die, wenigstens äußerlich, besser zu ihm paßt als zu dem geistreichsten, nettesten Varus“, und dabei klopfte ich dem feinen jungen Mann auf die Schulter.

Nach jedem Zornesausbruch übte er seine Verführungskünste mit mehr Geschmeidigkeit und Liebenswürdigkeit aus und machte Fortschritte in der Gunst der schönen Frau. Sie begegnete ihm mit großer Freundlichkeit, zeichnete ihn vor allen – es waren ihrer viele, die ihr huldigten – aus.

Da geschah's, daß er in einer Wallung der Ungeduld sein wochenlang mit so viel Verschlagenheit und Selbstüberwindung aufgerichtetes Verführungswerk zerstörte. Der Unselige wiederholte ein besonders patzig vorgebrachtes: „Ganz recht!“ des Gatten mit boshaftem Hohn und fügte hinzu: „Nicht wahr, Herr Kommerzienrat, und sicherlich Ihr eigener Gedanke!“

Verblüfft und hilflos wendete der Gatte seine Augen rettungsuchend der Gemahlin zu, und Thusnelda vereiste im selben Moment. Der Liebende erlangte nicht mehr e i n e n gnädigen Blick. Es war vorbei. Jedes leichte Neigen des Hauptes, mit dem sie seine flehenden Begrüßungen erwiderte, sprach: Halten Sie sich fern!

In Interlaken erfuhren wir, daß „Kommerzienrats“ am Nachmittag ihre Heimreise antreten würden. Ich fand mich zum Abschied auf dem Bahnhof ein. Sie hatten schon ihren

Waggon bestiegen, kamen ans Fenster, und wir tauschten eben höfliche Redensarten, als neben mir ein prachtvolles Rosenbukett auftauchte. Ein armer Sünder wollte seine letzte Huldigung darbringen.

Aber „sie" sah ihn nicht. Sie hatte sich plötzlich auf die andre Seite des Wagens begeben, wo ein Zug, der auf dem Nebengleise stand, ihre gespannte Aufmerksamkeit zu erregen schien.

„Nein, zu liebenswürdig – nein wirklich –" sagte der Kommerzienrat. Der Strauß wurde ihm *nolens volens* hinaufgereicht, und mit Wohlgefallen nahm er ihn in Empfang.

Die Lokomotive pustete, die Räder drehten sich – „Adieu!" Aus einem Fenster des dahinbrausenden Trains streckte sich eine schöne Hand und winkte uns noch eine Weile zu. Aber leider war's – eine Männerhand.

Nach Jahren traf ich den ehemaligen Reisebekannten wieder, und wieder in der Schweiz. Er nannte sich mir, ich hätte ihn nicht erkannt. Der blühende, von Gesundheit strotzende Herr Kommerzienrat hatte sich zu sehr verändert. Gealtert, gebeugt trat er mir entgegen. In der gebrochenen Gestalt lag etwas Fremdes, etwas Starres, das mir seltsam erschien – fast unheimlich.

Er war allein. Ich fragte nach seiner Frau.

„Voran", erwiderte er, bemerkte meine Verwunderung über diese Antwort und erklärte: „Vorangegangen, mir voran, wie von jeher in allem. Gestorben wird es auch genannt."

Einige Worte aufrichtigen Mitgefühls drängten sich mir auf die Lippen. Er lehnte ab mit einer leisen, ruhigen Gebärde: „Zu einem höheren Leben geboren, sollte es genannt werden."

„Sie hat an eine zweite Geburt nicht geglaubt", wandte ich zagend und im Ton einer Frage ein.

„Sie nicht. Ihr war der Tod das Ende, und die kleinen Begriffe Lohn, Strafe belächelte sie. Sie lebte wie eine Heilige aus innerster Seelennotwendigkeit – es war so ihre Natur. Nun ist sie fort, und ob sie an ein ewiges Geschiedensein dachte oder nicht – sie ist da. Nach dem Worte der Schrift: ‚Die Liebe höret nimmer auf', ist sie da, umgibt mich, ich erlebe stündlich das Wunder. Als sie sterbend vor mir lag, offenbarte es sich mir zum erstenmal. Ihre Augen waren gebrochen, ihr schönes Gesicht war verzerrt von dem entsetzlichen sardonischen Lachen. Da beugte ich mich und drückte einen langen Kuß auf ihren Mund. Und als ich sie wieder ansah, lag auf diesem lieben Mund ein sanftes, seliges Lächeln. Das selbe Lächeln, das ihn einst so bezaubernd umkoste, als ich – ein schüchterner Bräutigam – sie zum erstenmal geküßt hatte... Und als sie im Sarge lag und ich sie betrachtete – andachtsvoll, um mir ihre teuren Züge unauslöschlich einzuprägen – da belebten sie sich... Ich sah es – ich werde es immer sehen... Ein warmer Lebenshauch flog über das starre, marmorblasse Angesicht."

Wir schritten eine Weile schweigend des Weges weiter; es war der selbe, auf dem vor Jahren meine erste Begegnung mit ihm und seiner Frau stattgefunden hatte.

Plötzlich, wie erwachend aus dämmerigen Träumen, begann er wieder: „Getrennt – zeitlich getrennt, aber nur scheinbar. In Wahrheit noch enger vereint, weil eine durch Körperlichkeit gebildete Schranke nicht mehr besteht. Sie ist in mir und ist außer mir – ein voranschwebender Geist. Ich folge, von ihr geführt; zu der lichten Sphäre, an der sie, noch im Irdischen befangen, zweifelte, hebt sie mich empor – und ich strebe ihr nach – – bin noch am Fuße des Berges, aber jeder Tag bringt mich einen Schritt aufwärts – ihr näher!"

Er blieb stehen, breitete die Arme aus und blickte in stiller Verzückung vor sich hin. Und mir fiel etwas Merkwürdiges auf. Ich hatte immer eine gewisse Ähnlichkeit gefunden zwischen den echt germanischen Gesichtern der beiden Eheleute. Nun war das seine schmaler geworden, es erschien feiner, und die Ähnlichkeit mit der Verstorbenen hatte sich verstärkt. Aber mehr noch als eine äußerliche trat eine geistige Ähnlichkeit hervor – eine so überraschende, so überwältigende Ähnlichkeit mit der Vorangegangenen, daß mir war, als spräche ihre Seele aus seinen Augen.

Zu dieser Ausgabe

Die hier veröffentlichten Parabeln der Marie von Ebner-Eschenbach folgen den Erstdrucken ihrer Sammlungen *Parabeln, Märchen und Gedichte* (Berlin 1892) und *Altweibersommer* (Berlin 1909), aus denen sie eine Auswahl bieten. Die *Parabeln, Märchen und Gedichte* erschienen zu Lebzeiten der Dichterin in weiteren zwei unveränderten Auflagen, und zwar im Jahr des Erstdrucks 1892 bei Paetel in Berlin und 1893 im ersten Band der *Gesammelten Schriften*, ebenfalls bei Paetel. Die Sammlung *Altweibersommer* erschien bis zum Todesjahr der Dichterin, 1916, nur in einer Auflage. Bei der Zusammenstellung dieses Bandes hat die Ebner auf ihre erste Parabel-Sammlung zurückgegriffen und fünfzehn Parabeln übernommen.

Zwischen den Veröffentlichungen der *Parabeln, Märchen und Gedichte* und des *Altweibersommers* liegt die Berliner Rechtschreibkonferenz von 1901. Sie hat zur Folge, daß die Orthographie in beiden Ausgaben stark differiert. Dieser Umstand veranlaßte uns, die hier versammelten Texte in einer einheitlichen Orthographie zu präsentieren, wie sie später die Ausgabe der *Sämtlichen Werke* (Berlin o. J. [1920]) bietet. Da es sich hier um eine Lese-Ausgabe und nicht um eine historisch-kritische Ausgabe handelt, ist diese Korrektur sinnvoll.

Die Reihenfolge, in der die Texte in der vorliegenden Ausgabe erscheinen, ist die der Erstdrucke. Bis zur Parabel *Die Brüder* sind sie den *Parabeln, Märchen und Gedichten* entnommen, folgend dem Band *Altweibersommer*.

Nachwort

Wenn in der Reihe der *Deutschen Bibliothek des Ostens* Marie von Ebner-Eschenbach als Autorin von Parabeln und Märchen aufgenommen wird, bedarf dies sicher einer Erläuterung. Denn bekannt geworden ist Marie von Ebner-Eschenbach durch ihre Romane (*Božena, Unsühnbar, Das Gemeindekind*) und Erzählungen, wie etwa *Er läßt die Hand küssen!, Die Freiherren von Gemperlein* und nicht zuletzt *Krambambuli*, schließlich auch durch die zu ihren Lebzeiten in vielen Auflagen erschienene Aphorismen-Sammlung. Um die Jahrhundertwende zählte die Ebner zu den bekanntesten und bedeutendsten Dichtern Österreichs, ja des deutschsprachigen Raums überhaupt (früh schon erschienen ihre Werke in Berliner Verlagen, wurde ihre Prosa in großen deutschen Wochen- und Monatszeitschriften veröffentlicht). Dabei begann die Ebner ihre dichterische Laufbahn erst relativ spät. Sie war eine geborene Freifrau von Dubsky, ihr Vater stammte aus dem mährischen Uradel, ihre Mutter, Marie von Vockel, die sie unmittelbar nach ihrer Geburt verlor, aus sächsischem Beamtenadel. Marie von Ebner-Eschenbach wurde am 13. September 1830 auf Schloß Zdislawitz in Mähren geboren und wuchs hier und in Wien auf. 1848 heiratete sie ihren Cousin Moritz von Ebner-Eschenbach, der es in seiner Militärlaufbahn bis zum Feldmarschall-Leutnant brachte und daneben Militärschriftsteller und ein bedeutender Forscher und Erfinder war.

Marie von Ebner-Eschenbach begann ihren Werdegang als Dichterin mit dramatischen Produktionen, die aber kaum den Beifall der literarischen Kritik fanden. Erst mit ihrem Roman *Božena* (1876), vor allem dann aber mit der 1880 erschienenen Erzählung *Lotti, die Uhrmacherin* und den im gleichen Jahr publizierten *Aphorismen* kam der Durchbruch. Die *Dorf- und Schloßgeschichten* (1883), das *Gemeindekind* (1887) und die Kindheitserinnerungen *Meine Kinderjahre* (1906) festigten ihren Ruhm. Am 12. März 1916 starb sie in Wien.

Seit Fritz Martini 1962 in seiner Literaturgeschichte des „bürgerlichen Realismus“[1] das Verdikt aussprach, daß „Fontanes Erzählweise“ sich „weit über das Kunstniveau der Ebner-Eschenbach“ erhebe, hat sich das Bild der Marie von Ebner-Eschenbach in der Forschung wesentlich zu deren Gunsten verändert. Man wies auf das wache politische Bewußtsein der Ebner hin[2], machte auf ideologie- und sozialkritische Aspekte in ihren Werken aufmerksam[3] und beschrieb die Darstellung dominierender Frauengestalten.[4] Vor allem aber wurden wesentliche Werke der Ebner in textkritischen Editionen erschlossen und in ihrer gelungenen künstlerischen Gestaltung analysiert.[5] Auch die Aphorismen erfuhren immer wieder positive Bewertungen, allerdings – muß man einschränkend hinzufügen – keine neue Interpretation.[6] Nur in dem Fall der Parabeln, jener „Kurzformen des verinnerlichten Sprechens“[7], wie Martini sie u. a. bezeichnet, scheint man seiner Einschätzung zu folgen, wenn man denn das Schweigen der literaturwissenschaftlichen Kritik als ein Urteil nehmen darf. Diese „Kurzformen“ sind vor allem in zwei Sammlungen von Texten – den *Parabeln, Märchen und Gedichten* von 1892[8] und dem Band *Altweibersommer* von 1909[9] – erschienen.[10] Marie von Ebner-Eschenbach selbst bezeichnet die kurzen, erzählerischen Stücke, die sie in den beiden Sammlungen vereint hat, immer wieder beharrlich mit dem Gattungsbegriff „Parabeln“.[11] Genau vor diesen aber scheint die Literaturkritik zurückgeschreckt zu sein. Man kann die erzieherischen Tendenzen der Ebner, ihr Konzept vom „ganzen Menschen“, den Idealen natürlicher, echter Bildung, von sozialer Verantwortung, Aufrichtigkeit und Treue in ihren Romanen und Erzählungen noch akzeptieren. Aber wenn sie, wie es in der Gattung „Parabel“ der Fall zu sein scheint, explizit didaktisch wird, glaubt die Literaturwissenschaft sich doch von einer eingehenden Beschäftigung mit diesen kurzen Prosatexten dispensieren zu dürfen. Liest man jedoch diese Texte aufmerksam, zeigen sich in ihnen einerseits die erzählerischen Qualitäten der Ebner, etwa in der Kunst der Personencharakterisierung, dem knappen, konzentrierten Entwurf einer Situation oder einer Handlung; zum anderen treten die Eigenschaften der Ebner, die sie in der Kunst ihrer Aphorismen entfaltet, zutage, wird hier die kritische, skeptische, ironische, ja spöttische Marie von Ebner-Eschenbach sichtbar. Beide Qualitäten der Ebner vereinen sich nun in einer Reihe von Parabeln mit dem vollen Formbewußtsein und -vermögen, mit dem die Tradition der Gattung der „Parabel“ aufgenommen und schließlich auch an ihre Grenzen geführt wird.

Die Parabeln zählen sicher zu den eher unbekannten Texten der Ebner. Die zusammengestellten Stücke mögen aber deutlich machen, daß sie zum wesentlichen Bestand ihres Werkes gehören und daß schließlich diesen Parabeln auch in der Geschichte der Gattung ein hoher Rang zukommt. – Noch eine Bemerkung zu der Bezeichnung „Märchen“, die im Titel der Ebnerschen Sammlung von 1892 wie in dem der vorliegenden Ausgabe erscheint. „Märchen“ versteht die Ebner hier keineswegs in dem engeren Sinne des literarischen Gattungsbegriffs, der es eindeutig und klar von der Parabel abgrenzt. Vielmehr strebt sie eine Lockerung des traditionellen Parabel-Verständnisses an. So soll durch einen „märchenhaften" Stoff eben Parabelhaftes erzählt werden können, andererseits kann die Parabel durch märchenhafte Elemente von ihrer zuweilen trockenen Lehrhaftigkeit in das Spiel der Phantasie gehoben werden. Die konventionellen Grenzen der Parabel werden – so oder so – ausgeweitet. Gerade dieser wesentliche Aspekt der Ebnerschen Parabeln, auf den im folgenden noch näher eingegangen wird, sollte in dem Titel *Parabeln und Märchen* zum Ausdruck gebracht werden.

Um die Bedeutung der Ebnerschen Parabeln verständlich zu machen, ist es nötig, einen Blick auf die Gattungstradition im allgemeinen und die Formen der Parabel im 19. Jahrhundert im besonderen zu werfen.

In der Dämmerung archaischer Volkspoesie verliert sich nach Herder der Ursprung der Parabel.[12] Sucht man nach einem ersten – definitorischen – Halt, so findet man ihn in der antiken Rhetorik. In der *Ars rhetorica* (II, 20) des Aristoteles und in Quintilians *Institutio oratoria* (V, 11)[13] erscheint die Parabel, neben der Fabel, als eine Möglichkeit des dialektischen Denkens, als eine Argumentationshilfe insbesondere für die forensische, die öffentliche Rede. Als Form der persuasio hat sie den Hörer auf die Seite des Redners zu ziehen. Sie ist Teil der rhetorischen techne, kalkulierter Einschub in die logische Argumentation des Sprechers, überzeugende narratio, anschaulicher Mythos und wirkungsvolle Abschweifung im Laufe des Vortrags. Von Heinrich Lausberg wird die Parabel wegen ihres Uneigentlichkeitscharakters mit Fabel und Allegorie in die Nähe der similitudo gebracht.[14] Sie propagiere „durch den Appell an die allgemeinen Erfahrungen des Natur- und Menschenlebens die in der Rede behandelte Sache". Die Form der Parabel gründet so einerseits in ihrer Funktion als bloßes Instrument und lehrhafter Einschub der Rede, andererseits in ihrer Funktion des Appells und des beschwörenden Imperativs. Die Parabel zeichnet sich durch ihre unepische Stilisierung und ihre erzählerische Linearität aus, in ihrer abstrahierenden Tendenz fordert sie Sinn. Sie ist prägnant und pointiert, gekennzeichnet durch einen Handlungsumschlag, der das Vor-Urteil des Textbeginns korrigiert. Die Parabel kommt mit sehr wenig Personen aus, die, typisierend dargestellt, häufig auch antithetisch gegenüber gestellt sind. In ihrer Darstellungsform ist sie kurz und schlicht, zugleich aber nachdrücklich in ihrer Wirkung. Sie zielt bewußt auf den Leser, versucht ihn, ihrer rhetorischen Struktur gemäß, zu überzeugen.

Es ist hier nicht der Ort, die lange Geschichte der Parabel-Dichtung zu verfolgen. Es sei, in aller Kürze, jedoch auf die zwei wesentlichen Kontextformen hingewiesen, in denen die Parabel stehen kann. Zum einen taucht sie, wie es ihrem rhetorischen Ursprung entspricht, in Redezusammenhängen auf. Die archaische Erzählung vom Schafdiebstahl des Reichen in der Mahnrede des Propheten Nathan an König David oder die Eros-Parabel des Sokrates in Platons *Symposion* mag da am Anfang stehen, es setzt sich über die Predigten Jesu fort, führt über die oft variierte Erzählung vom *Magen und den Gliedern* des Menenius Agrippa zu den Kanzelreden eines Geiler von Kaysersberg, Thomas Müntzer und Abraham a Santa Clara, schließt Lessings Parabel vom Königspalast im Brief an den Pastor Goeze ebenso wie seine Ringparabel in *Nathan der Weise* ein, umfaßt Schillers Parabel vom Tierstaat in seinem *Fiesco* – und führt schließlich zu Kafkas Türhüter-Legende im *Prozeß*. – Auf der anderen Seite wird die Parabel aber aus diesen Kontexten gelöst. Es entstehen, vor allem seit der Mitte des 18. Jahrhunderts, Parabelsammlungen. In ihnen drückt sich ein neues Verständnis der Parabel als ästhetischer Verweis auf die *res humanae* aus, die, nun nicht mehr in rhetorischem Zusammenhang funktionalisiert, für sich selbst hervortritt. Waren die Parabeln einst genuiner

Bestandteil öffentlicher Rede, so wandeln sie sich nun in populäre und oftmals neu aufgelegte Leseanthologien. Hierzu zählen bereits Gottlieb Konrad Pfeffels Fabel- und Parabelsammlungen, die er 1761 unter dem Titel *Poetische Versuche* zusammenfaßte, ebenso wie Herders *Blätter der Vorzeit. Jüdische Parabeln* (1792) sowie seine *Parabeln des Johann Valentin Andreae* (1793), dann besonders Friedrich Adolph Krummachers auflagenstarke *Parabeln* (1805/07ff.). Die Linie läßt sich weiter ziehen über die *Katholischen Parabeln und Erzählungen* von Magnus Jocham (1852), Martin Bubers Sammlungen der *Chassidischen Erzählungen* (1906/49), Kafkas *Landarzt*-Band, die *Keuner-Geschichten* Brechts, Wolfdietrich Schnurres *Protest im Parterre* usw. Die Parabeln erscheinen hier als vereinzelte Erzähltexte, die jeglicher Redesituation entbunden sind. Ohne in einem Redezusammenhang zu stehen, zeigen sie die „allgemeinen Erfahrungen des Natur- und Menschenlebens" (Quintilian). Ihr erbaulich-moralischer Sinn, der im Zusammenhang politischer (Menenius Agrippa), religiöser (Jesus Christus), theologischer (Lessings Anti-Goeze) oder deliberativer (Platon) Rhetorik ein Mittel der Überredung war, bleibt, autonom geworden, rhetorisch begründete Weltweisheit – wenn sie auch in den neueren Spielarten der Gattung nicht mehr so selbstverständlich in Erscheinung treten mag.

Der Beginn der Parabel als rhetorischer Poesie hängt mit dem Ende der Rhetorik als präskriptiver Redeform zusammen. In der Aufklärung, bei Lessing und Herder, wird die Anschaulichkeit der poetisch-bildhaften Parabel noch als „Hebel der Erkenntnis" gefaßt. Doch zu Beginn des 19. Jahrhunderts erlischt dieses aufklärerische Verständnis der Parabel rasch. Das Nützliche wird vielmehr apologetisch zum Wertmaßstab der „Welt" verklärt, die Poesie bleibt, metaphysisch erhöht, allein eine Kategorie der Kunst. Für Hegel „steht zu behaupten, daß die Kunst die Wahrheit in Form der sinnlichen Kunstgestaltung zu enthüllen ... berufen sei und somit ihren Endzweck in sich, in dieser Darstellung und Enthüllung selber habe. Denn andere Zwecke, wie Belehrung, Reinigung, Besserung ... gehen das Kunstwerk als solches nichts an und bestimmen nicht den Begriff desselben."[15] Wird die Kunst als Selbstzweck verstanden, verliert die Parabel ihr rhetorisch begründetes, pragmatisches Ethos und ihren appellativen Charakter. Wenn Hegel dann von der Parabel handelt, so spricht er von der Faßbarkeit der Idee in der Objektivation des parabolischen Ausdrucks, die Parabel wird als „Hindeutung auf eine höhere Bedeutung" aufgefaßt. Ganz ähnlich weist Goethe darauf hin, daß bei der Parabel der „Sinn, die Einsicht, der Begriff das Hohe, das Außerordentliche, das Unerreichbare" sei. Er verkörpere sich „in einem gemeinen, gewöhnlichen, faßlichen Bilde ..., so daß er uns als lebendig, gegenwärtig, wirklich entgegentritt, daß wir ihn uns zueignen, ergreifen, festhalten, mit ihm wie mit unsersgleichen umgehen können".[16] Für Schopenhauer ist die Parabel dann ein „mächtiger Hebel der Erkenntnis", die nicht eine „individuelle", sondern „eine tiefere und vollkommenere Erkenntnis" sei.[17]

Doch wo die praktische Handlungsaufforderung der Parabel verschwunden ist, wird die Gattung zu einem bloßen Gleichnis, dem Gleichnis eines metaphysisch Allgemeinen. Ein „entwickeltes, zur Erzählung ausgebildetes, episch gewordenes Gleichniß", so resümiert Friedrich Theodor Vischer.[18] Die Spuren dieses Parabelbegriffs führen bis in die Gegenwart. Man spricht von der „Erkenntlichkeit des Unerkenntlichen"[19], der „Darstellung einer absoluten Wahrheit"[20], dem „Universellen" als dem „eigentlichen Sinn"[21] der Parabel, deren „Fluchtpunkt" eine „höhere geistige Ordnung"[22] sei.

In der Geschichte der deutschen Parabeldichtung spielt das 19. Jahrhundert eine eher periphere Rolle. Man hat es als „Konservierungsphase“[23] bezeichnet. Zwischen den Höhepunkten der deutschen Parabeldichtung Ende des 18. Jahrhunderts und zu Beginn des 20. Jahrhunderts, zwischen Lessing und Kafka, sind es im 19. Jahrhundert tatsächlich vor allem zweit- und drittrangige Dichter, die sich in dieser Gattung versuchen, wobei sie insbesondere die Lehrhaftigkeit, den didaktischen Aspekt der Parabel betonen. Als repräsentativ in dieser Hinsicht darf die Parabel-Sammlung Friedrich Adolph Krummachers gelten. Hans-Henrik Krummacher schrieb über seinen Vorfahren, daß er „innerhalb der Literatur des 19. Jahrhunderts die Gattung Parabel auf mustergültige Weise vertreten“ habe. Er folgt darin dem Urteil Friedrich Sengles, der hinwiederum sich der zeitgenössischen Einschätzung August Kobersteins in dessen *Grundriß der Geschichte der deutschen National-Litteratur* anschließt, der Krummachers *Parabeln* zu den „bekanntesten“ dieser Gattung zählt.[24] Der erste Band seiner Parabeln erschien 1805 in Duisburg und bestand aus 64 Stücken. Rasch waren neue Auflagen erforderlich, die Sammlung wurde „vermehrt und verbessert“, so daß in der 1829 erschienenen fünften Auflage die endgültige Anzahl von 200 Parabeln beisammen war. Weitere Auflagen, Sonder- und Auswahlausgaben wurden veröffentlicht, Krummachers Parabeln wurden in Sammelwerken wiederabgedruckt und fanden Aufnahme in Schullesebücher. 1833 schon erschien eine Übersetzung ins Französische, der bald weitere ins Englische und auch ins Russische folgten. Allein diese nüchternen Zahlen können die Popularität Krummachers, aber auch die der Gattung der Parabel im 19. Jahrhundert belegen.

Krummacher nimmt die Stoffe für seine Parabeln aus drei Bereichen: der biblisch-hebräischen Welt, womit er Anregungen Herders fortsetzt; der griechischen Antike, die er betont christlich uminterpretiert und schließlich der Natur, die er didaktisch funktionalisiert. Prägend für Krummachers Parabel ist die hierarchische Struktur der didaktischen Unterweisung. Immer wieder begegnen die Konstellationen Vater-Sohn, Mutter-Tochter, Lehrer-Schüler, der Weise und der Einfältige usw. Im Gespräch, durch Frage und Antwort bis zum entscheidenden Punkt der Einsicht geleitet, wird an einem exemplarischen Vorgang oder Problem der Sohn durch den Vater etc. unterwiesen. Die appellative Funktion der Parabel, ihre strukturelle Einsinnigkeit, die auf eine Lehre zuläuft, wird dabei kaum je in Frage gestellt, die Lehre vielmehr immer wieder deutlich und unübersehbar expliziert. Der Handlungshorizont, vor dem seine Parabeln ihre Geltung entfalten, ist der einer von christlich-protestantischen Normen bestimmten bürgerlichen Tüchtigkeit. Krummachers Parabeln sind ein Aufruf zu beharrlicher Lebensbewältigung, zu freiwilliger, entsagungsvoller Tätigkeit und zu froher Selbstverleugnung. Der didaktische Charakter der Parabeln wird häufig noch dadurch hervorgehoben, daß sie mit einer „subscriptio" enden, in der formelhaft der Sinn der Parabel mit gleichsam erhobenem Zeigefinger noch einmal begrifflich zusammengefaßt wird.

Der Verbindung von intaktem christlichem Weltbild, protestantischen Tugenden, bürgerlichen Norm- und Wertvorstellungen und einem moderaten, empfindsamen Ton der erzählerischen Sprache verdankt Krummacher seine große Beliebtheit während der Restaurationszeit und bis weit in die zweite Hälfte des 19. Jahrhunderts. Der Respekt der Großen wurde ihm nicht versagt. Goethe und Jean Paul würdigen ihn in seinem Rahmen, bei Stifter findet man später noch motivische Anverwandlungen seiner Parabeln. Krummachers Lehrparabel ist eine grundlegende Form in der deutschen Parabeldichtung des 19. Jahrhunderts. Sie übt die gültigen Norm- und Wertvorstellungen des Bürgertums ein und appelliert an den Leser zur Nachahmung guten und redlichen Verhaltens. Kaum einer Erwähnung bedarf es, daß diese Parabelform im Laufe des Jahrhunderts zunehmend trivialisiert wird. Die Parabel verkommt zur Anstandsregel.

Bliebe man bei der Gattung der Parabel im strengen Sinne stehen, so böte das 19. Jahrhundert tatsächlich wenig Innovatives für die Gattungsgeschichte. Doch scheint hier ein Blick auf eine Tendenz in der Erzählliteratur des poetischen Realismus reizvoll zu sein, die für die Entwicklung der Parabel außerordentlich fruchtbar wird.

Hier allerdings wird die Grenze der eigentlichen Gattung „Parabel“ überschritten und transformiert in eine andere poetische Form, nämlich in die der realistischen Novelle. Auffallend sind die Analogien in der Parabel-Struktur und der poetologischen Programmatik der Novelle: Hier wie da die relative Kürze; hier wie da das Bemühen, das Typische im Einzelnen, das Allgemeine im Besonderen darzustellen, und zwar so, daß das Einzelne, Besondere interessant erscheint, das Allgemeine durch die „unerhörte Begebenheit“ zur Einsicht gelangt; schließlich hier wie da der entscheidende Umschlag im erzählerischen Verlauf, als Pointe oder Wendepunkt. Nicht zuletzt durch diese Strukturanalogien motiviert, gibt es Affinitäten zwischen der Parabel und der Novelle, die dann auch ihren programmatischen Niederschlag finden. Am 27. Juli 1881 schreibt Gottfried Keller an Paul Heyse über das *Sinngedicht* u.a., er habe mit diesem Werk die „Reichsunmittelbarkeit der Poesie“ verteidigen wollen, „d.h. das Recht, zu jeder Zeit, auch im Zeitalter des Fracks und der Eisenbahnen, an das Parabelhafte ... ohne weiteres anzuknüpfen“.[25] Für Keller ist die Parabel nicht nur eine legitime, sondern geradezu eine paradigmatische Dichtungsform. Ganz Ähnliches findet sich in Adalbert Stifters Vorrede zu den *Bunten Steinen*. Die Art und Weise, wie Stifter die Darstellung des „sanften Gesetzes" zur maßgeblichen Aufgabe der Dichtung macht, wie er sie zur gleichsam lehrhaften Vermittlung von Normen und Gesetzmäßigkeiten in poetischer Form aufruft, zeigt nun deutlich auch die inhaltlich und thematisch begründete Nähe von Parabel und Novelle.

Gerade in einer Reihe von Novellen Stifters wird dies deutlich. Erinnert sei nur an *Der späte Pfennig*, an *Zuversicht* oder an *Zwei Witwen*, wo der Handlungsverlauf parabelhaften Charakter bekommt, in den Erzählungen gleichsam Modelle falschen und richtigen Handelns gegenübergestellt und zur Lehre abstrahiert werden. Wie der Parabel eine Sentenz zugrunde liegt, so wird auch in einigen Stifterschen Novellen die parabelhafte Sentenz zum thematischen Vorwurf. Die *Drei Schmiede ihres Schicksals* lassen sich als poetischen Diskurs über den als Motto verwendeten alten Spruch: „Quilibet fortunae suae faber est" lesen. In *Der fromme Spruch* wird die Sentenz „Ehen werden im Himmel geschlossen" erzählerisch expliziert. In *Der Waldgänger* wird die Lebensschilderung der beiden Hauptfiguren Georg und Corona am Schluß der Erzählung vom Erzähler moralisch beurteilt. „Die zwei Menschen, die sich einmal geirrt hatten, hätten die Kinderfreude opfernd, sich an der Wärme ihrer Herzen haltend, Glück geben und Glück nehmen sollen bis an das Grab, und wenn sie zu Gott gekommen wären, hätten sie sagen sollen: ‚Wir können keine Kinder als Opfer mitbringen, aber Herzen, die du uns gegeben, die sich nicht zu trennen vermochten, und die ihr Weniges, was ihnen geblieben, mit hieher bringen, ihre Liebe und ihre Treue bis zu dem Tode.'" Karl Konrad Polheim hat in der Reihe der *Deutschen Bibliothek des Ostens* darauf aufmerksam gemacht, wie hier der Erzähler, der das Wesen erkannt und das „sanfte Gesetz" befolgt hat, am Ende der Erzählung „sentenzhaft die Summe aus der Geschichte des Waldgängers" zieht, „der er dadurch einen parabelmäßigen Charakter verleiht."[26]

Die Nähe von Parabel und Novelle besagt nun aber keineswegs, daß die Novelle zur Parabel wird. Im novellistischen Erzählen des Realismus werden vielmehr parabelhafte Elemente aufgenommen, anverwandelt und transformiert. Dabei läßt sich dann eine Spannung zwischen paradigmatischen und syntagmatischen Tendenzen erkennen. Diese Spannung bedürfte einer ausführlichen erzähltheoretischen Beschreibung, die hier jedoch aus Platzgründen unterbleiben muß. Doch soll, notwendig ein wenig verkürzt und pointiert, erläutert werden, was unter diesen paradigmatischen und syntagmatischen Tendenzen zu verstehen ist.

André Jolles hat in seinen Untersuchungen der „einfachen Formen" in der Literatur gezeigt, wie die Konstitution narrativer Texte von ihrem Gebrauch abhängig ist, somit von ihrer Stelle im je umgreifenden sprachlichen oder außersprachlichen „Kontext". Als „einfache Formen" versteht Jolles jene Formen, „die sich, sozusagen ohne Zutun eines Dichters, in der Sprache selbst ereignen, aus der Sprache erarbeiten".[27] Doch die einfache Form ist für Jolles nichts Vorfindliches. Was konkret gegeben ist, nennt er „vergegenwärtigte Form". Aus dem Ineinander von beständigen und variablen Elementen lassen sich hinter den vergegenwärtigten die einfachen Formen finden. Doch Jolles beläßt es nicht beim Rückgang von der vergegenwärtigten auf die einfache Form. Er fragt vielmehr nach der dahinterliegenden „pragmatischen Geistesbeschäftigung", d. h. nach den jeweiligen Kontexten. Bei einfachen Formen wie Fabel, Kasus, Exemplum oder eben der Parabel zeigt sich, wie der „Endzweck", also der pragmatische Konnex, die Konstitution der narrativen Texte bestimmt, d. h. die Art und Weise, wie das Erzählschema begriffen und besetzt ist. Sobald jedoch diese Formen sich aus ihrer Relation mit einem verbindlichen moralphilosophischen System lösen, treten sie aus einem paradigmatischen Zusammenhang in den syntagmatischen einer unendlichen Verbindung, deren unüberschaubare Verflochtenheiten sich immer weiter aufdecken und doch nie abschließend bestimmen lassen. Anders formuliert: Der positive Begriff, der als das „Ergebnis“ des Erzählens in der Parabel an den Leser appelliert, wird durch die erzählerische Entfaltung oder durch die Reflexion auf den Begriff, d.h. die Suche nach ihm, die unabschließbar bleibt, ersetzt.

Die sentenzhaft formulierte Parabel enthält „blinde Implikationen“, d.h. Implikationen, die thematisch nicht entfaltet sind. Jenes novellistische Erzählen, das sich durch die Nähe zur Parabel auszeichnet, nimmt die Parabel auf, erweitert und unterläuft sie, indem sie nun jene „blinden Implikationen“ entfaltet. Die erzählerische Einsinnigkeit der Parabel, die auf die Lehre zuläuft, wird in die Komplexität des novellistischen Erzählens überführt. Das abschließende moralische Urteil des Erzählers in Stifters *Waldgänger* wird gerade von seiner einsinnigen Lehrhaftigkeit in der dichten Schilderung Georgs befreit, die, voll innerer Spannung, von Umschlag und Umkehr bestimmt ist und sich im einzelnen bis in die kompositorische Gestaltung der Erzählung hinein verfolgen läßt. In *Der fromme Spruch* wird in der heiteren, distanziert-ironischen Schilderung der Formelhaftigkeit starr-ritualisierter Verhaltensformen gerade die formelhafte Sentenz „bewiesen“ und doch zugleich, eben durch die erzählerische Entfaltung in ihrer kaum mehr wahrgenommenen Komplexität veranschaulicht.

Dies müßte zweifellos im einzelnen noch weiter ausgeführt werden. Deutlich aber wohl ist eine das novellistische Erzählen des Realismus bestimmende Spannung zwischen paradigmatischen und syntagmatischen Tendenzen. Den lehrhaften Zügen, der Neigung zum Parabelhaften, in denen sich die noch fortwirkende Orientierung an und die versuchte Legitimierung aus verbindlichen moralphilosophischen Wertvorstellungen ausdrückt, steht ihre Differenzierung und die Problematisierung entgegen, die im novellistischen Erzählen entfaltet wird.

Die Parabeldichtung im 19. Jahrhundert spannt sich so zwischen den Polen der Lehrdichtung und des novellistischen Erzählens oder – zugespitzt formuliert – zwischen der Moral und der Poesie. Dies ist die Situation, in der Marie von Ebner-Eschenbach am Ende des Jahrhunderts ihre Parabeln schreibt und 1892 in dem Band *Parabeln, Märchen und Gedichte* veröffentlicht. Die Spannung, in der sich die Parabeldichtung im 19. Jahrhundert bewegt, kennzeichnet auch ihre Texte. Einerseits finden sich durchaus konventionelle Parabeln, deren lehrhafte, moralische Tendenz unüberhörbar ist. Andererseits geht die Ebner in einer Reihe ihrer Parabeln über die traditionellen Formen hinaus, indem sie sie – allein was ihre Länge betrifft – entweder über- oder unterschreitet. Sie führt die traditionelle Parabel entweder hin zur Erzählung oder aber zum Aphorismus – in beiden Richtungen jedoch werden die traditionellen paradigmatischen Tendenzen in Frage gestellt und neue Möglichkeiten der Parabeldichtung erkundet.

Die zwei Parabelsammlungen scheinen sehr Heterogenes zu vereinen. Die „Parabel" *Tageskritik* (S. 77) lautet, kurz und pointiert: „Alle Augenblicke wird ein armer Marsyas geschunden – nur nicht von einem Apoll." Mit ihren anderthalb Zeilen Länge ist dies die kürzeste Parabel. Kann man sie überhaupt noch eine „Parabel" nennen oder ist sie nicht vielmehr ein Aphorismus? Auf der anderen Seite: Ist das vorletzte Stück der Sammlung *Altweibersommer*, das den Titel *Der Bildhauer* (S. 109ff.) trägt, nicht eher eine kurze Erzählung?

Auf zehn Seiten wird hier von der Dichterin geschildert, wie ein mit ihr befreundeter römischer Bildhauer durch den tragischen Unfall seines Lieblingssohnes zu wahrem Künstlertum berufen wird. – In beiden Extremfällen jedoch wird versucht, die rhetorische Grundstruktur und die Appellfunktion der Parabel beizubehalten. Im ersten Beispiel wird durch die mythologische Anspielung auf Marsyas und Apoll die Oppositionsstruktur verwendet. Über die aphoristische Pointe hinaus wird dieser Gegesatz durch die enttäuschte Erwartung des Lesers zugespitzt. In *Der Bildhauer* markiert der Tod des Jungen gleichsam den Wendepunkt der Geschichte: Aus einem begabten, doch eher durchschnittlichen Künstler wird nun ein großer Bildhauer. Darin vermittelt diese Geschichte zugleich ihr parabolische Lehre: Wahres Künstlertum erwachse stets nur aus großem Leiden, während im ersten Beispiel die „Lehre" in der Kritik an den Zuständen der Zeit besteht.

Doch nicht nur im Umfang, sondern auch in Inhalt und in der formalen Gestaltung der einzelnen Stücke erprobt die Ebner die Möglichkeiten der Parabel. Zunächst fällt die große Vielfalt der Themen auf. Sie reicht von den traditionell parabelhaften Elementen, wie etwa den Personifikationen von Tugend- und Moralbegriffen, also von allgemeinen gesellschaftlichen Normvorstellungen, zu individuelleren Aspekten menschlicher Verhaltensweisen und zu psychologischen Aspekten; Fragen der Geschichte und der Naturwissenschaft werden ebenso aufgegriffen wie kritisch Stellung zu politischen und sozialen Problemen bezogen wird, immer wieder finden sich Auseinandersetzungen mit der künstlerischen und literarischen Situation der Zeit. Auch zur Frage der Frauenemanzipation nimmt die Ebner in der Parabel *Eine dumme Geschichte* (S. 24ff.) ausdrücklich Stellung. Diese etwas längere, aus zwei Teilen bestehende Parabel ist ein Kabinettstück

Ebnerscher Erzählkunst in ihrer Mischung aus Ironie, leisem, freundlichem Spott und der durchaus gezielten, spitzen Kritik an der Dummheit der Männer – aber nicht nur der ihren.

In diese Heterogenität der Parabelsammlungen, die durch die Vielfalt der Themen entsteht, läßt sich nun aber eine gewisse Systematik bringen, wenn man sie nach den Formen der Gestaltung untersucht. Man kann eine Spannung zwischen den paradigmatischen und syntagmatischen Tendenzen, wie sie vorhin erläutert wurden, erkennen.[28] In den Parabeln der Marie von Ebner-Eschenbach lassen sich in dieser Hinsicht zumindest drei Gestaltungsformen unterscheiden. Eine erste Gruppe von Parabeln bleibt bei den relativ konventionellen Formen der lehrhaften Parabel stehen, ist also „paradigmatisch" ausgerichtet. Eine zweite Gruppe bildet den Übergang von „paradigmatischen" zu „syntagmatischen" Tendenzen. Die dritte und interessanteste Gruppe der Ebnerschen Parabeln geht über die traditionelle Parabel hinaus und führt zu neuen Gestaltungsmöglichkeiten. An diesen Texten lassen sich deutlich „syntagmatische" Formen erkennen.

In der ersten Gruppe von Parabeln – jenen, die explizit paradigmatischen Charakter haben – wird in erzählerisch einliniger Form und mit deutlich didaktischer und appellativer Intention eine sittliche Norm, ein moralischer Begriff positiv „vorgestellt" oder eine Untugend, ein Laster kritisch beschrieben. Zu dieser Gruppe zählen vor allem jene Parabeln, die die traditionelle Form der personifizierenden Darstellung eines Begriffs verwenden. Eine der bekanntesten dieser Parabeln, die lange Zeit auch in den Schullesebüchern stand, ist *Eine Begegnung* (S. 16). Die Parabel ist durch das Prinzip des Gegensatzes und der pointierten Wendung bestimmt. Die Geschichte erschöpft sich in der erzählerischen Umschreibung eines positiven Begriffs, hier des Verdienstes. Das Erzählverfahren ist auf die effektvolle Darstellung des Begriffs orientiert und will den Leser deutlich darauf hinweisen. Gerade in dieser Gruppe ist die Nähe zum Aphorismus ausgeprägt, drängt die kurze Darstellung doch meist auf einen wirkungsvollen, pointierten Abschluß, wie etwa in *Ewig neu*:

> Gott schenkte den Menschen einige Leidenschaften und einige Gedanken, und Satan sprach: „Warum so karg?"
> Und Gott sprach: „Sie haben genug, um sich bis ans Ende der Welt in jeder Stunde einzubilden, daß sie ganz Neues empfinden und denken." (S. 80)

Auf der anderen Seite ist auffallend, daß die erzählerische Darstellung des Begriffs in einigen dieser Parabeln nicht nur verbunden ist mit seinem Gegenteil, sondern erst durch dessen Zerstörung deutlich konturiert wird. Der Begriff des Verdienstes tritt erst hervor, nachdem der Hochmut an ihm zerbrach. In der Parabel *Die Siegerin* (S. 20) erhebt sich die Güte nach einem „ungeheuren Titanenkampf" der Tugenden und Laster, in dem alle schließlich erschöpft und geschunden niedersinken, „wie ein sprudelnder Quell", und wird von allen als die „Stärkste" anerkannt. Auch die kritisierte moralische Unsitte, das Laster, wird durch die Zerstörung seines Gegenteils hervorgehoben. Die Schlechten, die Unerzogenen haben einen verderblichen erzieherischen Einfluß auf die Guten und Wohlerzogenen. Das Laster, vor allem aber die Dummheit, siegt durch Beständigkeit. Immer wieder findet man hier mit dem Mittel der Gegenüberstellung und der Vernichtung des einen die betonte Hervorhebung des anderen. Die Moral erscheint als Mittel des Überlebenskampfes, das gesellschaftliche Normsystem immer auch als Ausdruck von Gewalt, indem selbst das „Gute" Formen von Repression anwendet. Die Parabel wird so, mit aller Vorsicht formuliert, zur Kritik an den Voraussetzungen, die sie ermöglichen.

Gegenüber diesen Parabeln, die einen Begriff explizit herausstellen, gibt es eine Reihe anderer, die keineswegs so deutlich auf einen Begriff zulaufen, die sich vielmehr durch die Darstellung einer Verhaltensweise, ja eines Seelenzustandes bestimmen. Hier wird ein eindeutiger Begriff, ein klar erkennbarer Bezug auf ein verbindliches moralisches System zugunsten der Schilderung eines komplexen seelischen Zustandes vermieden. Nicht von ungefähr sind solche Parabeln auch etwas länger. Das letzte Stück in *Altweibersommer*, das den Titel *Egeria* (S. 119ff.) trägt, ist eine sehr zurückgenommene, distanzierte, von außen beobachtete Skizze eines Ehepaares. Indem sie aber das Äußere, die Gesten, das Reden, das Schweigen als „Gleichnis" ihrer seelischen Zustände, ihres inneren Verhältnisses nimmt, wird sie, in diesem Sinne „parabolisch", zu einer desto eindringlicheren Studie dieses Paares. Doch auch in solchen Beispielen wird die rhetorische Grundstruktur der Parabel beibehalten. Auch hier gibt es den „Wendepunkt", das strukturelle Prinzip des Gegensatzes, die Gegenüberstellung von Personen, von einst und jetzt usw. Doch wird hier nicht länger mehr pointiert ein Begriff dargestellt, sondern es wird vielmehr die Suche nach einem Begriff in Gang gesetzt.

Höchst interessant ist nun die dritte und umfangreichste Gruppe der Parabeln. Sie halten äußerlich die Regeln der Gattung „Parabel" ein und folgen ihrer paradigmatischen Tendenz. Sie sind kurz, durchschnittlich zwischen einer halben und einer Seite lang; sie erfüllen die rhetorische Grundstruktur und sie zielen auf die prägnante Darstellung eines Begriffs – und doch stellen sie die traditionellen Formen der Gattung in Frage, führen sie die paradigmatischen in syntagmatische Zusammenhänge über. Dazu einige Beispiele.

Der Gegenstand der Parabel *Die Aufrichtigkeit* (S. 60) ist der an sich positive Begriff der Aufrichtigkeit. Doch wird hier der Leser nicht dazu aufgefordert, diesen Begriff in seinem eigenen Leben zu verwirklichen, vielmehr wird er in Frage gestellt. Dies geschieht offensichtlich zunächst so, daß die rhetorische Grundstruktur den Verlauf der Parabel bestimmt. In der ersten Hälfte findet man die Beschreibung der Aufrichtigkeit und die Darstellung ihres unreflektierten Selbstverständnisses. In der zweiten Hälfte erfolgt die Auflösung dieses Verständnisses. Die Form korrespondiert hier mit dem Inhalt, indem nun die ruhige, runde Beschreibung, die sich lang über den zweiten Absatz hin erstreckt, in den kurzen, hin und her gehenden Dialog, der die zweite Hälfte der Parabel einnimmt, überführt wird. Das Ende der Parabel jedoch, auf deren Effekt sie ja zusteuert, erhält nun aber seinen Sinn erst, wenn es auf den Anfang zurückbezogen wird. Deutlich markiert wird dieser Zusammenhang durch die fast formelhafte Wiederholung des Beginns am Ende des Stücks, in je einem Absatz von anderthalb Zeilen Länge: „Die Aufrichtigkeit schritt eines Tages durch die Welt und hatte eine rechte Freude über sich." – „Die Aufrichtigkeit errötete; sie kam sich plötzlich ein wenig plump und brutal vor." Durch den Kontrast in der Formelhaftigkeit der Wiederholung wird hier die pointierte Geschlossenheit der Parabel in Bewegung gebracht. Die unbefragte Gültigkeit moralischer Begriffe wird einer Revision unterzogen, behutsam und ohne großen Knall, doch mit jener Insistenz, die der gelungenen literarischen Form eignet.

Steht hier der Begriff als Gegenstand der Parabel noch in deren Zentrum, wird in einigen anderen Parabeln gerade dies in Frage gestellt. In *Eine Erinnerung* (S. 94) ist deutlich, daß sie den Begriff der „wahren Freundschaft" illustrieren soll. Das ist ihr „Endzweck", und darauf läuft sie zu. Und doch dreht es sich nicht eigentlich um den Begriff der „wahren Freundschaft". Das Stück ist, das ist ungewöhnlich, im einleitenden und im abschließenden Absatz im Perfekt erzählt. Das geschilderte Geschehen wird als endgültig abgeschlossen begriffen. Der Akzent liegt nicht auf einer auch für die Gegenwart des Sprechers bedeutungsvollen Entwicklung, sondern auf einem abgeschlossenen Faktum. Diese temporale Entwicklung des erzählten Geschehens bewirkt aber nun, daß die Aufmerksamkeit des Lesers sich nicht auf den abgeschlossenen Vorgang selbst richtet, sondern auf die Art und Weise, wie er sich konstituierte. Das aber heißt, daß die Aufmerksamkeit sich vom Begriff der „wahren Freundschaft" auf jene Vorgänge wendet, die zur Konstitution dieses Begriffs führten. Die Aufmerksamkeit des Lesers wird so am Ende noch einmal in die Parabel hineingeführt. Die Erzählerin interpretiert zwar das geänderte Verhalten des Freundes als eine Entwicklung hin zu „wahrer Freundschaft". Doch die erzählerische Gestaltung der Parabel relativiert dies. Gleich am Anfang heißt es, daß der Freund ein „großer Schauspieler" war. So gestaltet er denn auch die Abschiedsszenen zu großen schauspielerischen Auftritten. Diese nehmen fast arithmetisch genau den ersten Teil der Parabel ein. Die zweite Hälfte zeigt ein konträres Verhalten des Freundes. Es ist im Grunde genommen die Kehrseite des ersten Auftritts. Wurde dort der Abschied übertrieben zelebriert, so wird er hier heruntergespielt bis zur Nichtbeachtung („er sah an mir vorbei"). Beide Male jedoch wird der Abschied gleichsam über-spielt, das Verhalten des Freundes ist – so oder so – ein Ausweichen vor dem Abschied. Gerade das ist aber das Besondere an dieser Parabel. Sie lenkt die Aufmerksamkeit vom herausgestellten positiven Begriff auf Verhaltensformen, genauer auf die Reflexion über diese Verhaltensformen, die hier in ihrer Gegenüberstellung als zwei Seiten des gleichen Musters erscheinen. Die Parabel handelt so nicht nur über den Begriff der Freundschaft, den sie positiv und in sich abgeschlossen darstellt. Es geht auch um das Problem des Abschiedes, auf das die Parabel die Aufmerksamkeit lenkt, auf das hin sie die unabgeschlossene Bewegung des Denkens weist.

Eine Verkehrung ganz anderer Art findet sich in der Parabel *Der Vergötterte* (S. 84) Der Witz an der kritischen Spitze dieser Parabel stellt sich durch das Prinzip der „verkehrten Welt“ her. Nicht mehr dem Dichter begegnet man mit Ehrfurcht; in einer Welt, in der jeder schreibt, ist es vielmehr der selten gewordene Leser, der dessen herausragende Stelle einnimmt. In der Unverhältnismäßigkeit der Proportionen (dreihundert Schriftsteller, vierhundert Schriftstellerinnen und nur ein Leser) liegt die offensichtliche Kritik an einer massenhaft gewordenen Genialität. Der Witz kann sich jedoch nur vor der Folie eines akzeptierten Normsystems entfalten, das die Grundvoraussetzung dieser Parabel ausmacht: Nämlich die Vorstellung, daß das wahrhaft Schöpferische immer nur etwas Seltenes, Singuläres ist. Gerade hier aber entfaltet sich die durchaus dialektische Bewegung dieser Parabel. Denn sie zeigt die Interdependenz von Dichter und Leser, von Produktivität und Rezeptivität. Das aber heißt, daß die in der Parabel vordergründig formulierte Kritik an der literarischen Situation der Zeit sich nun auch auf das der Parabel zugrundeliegende Normsystem erstreckt. Die Verehrung als Resultat des Schöpferischen wird in seiner Relativität gesehen. Es hängt notwendigerweise vom Leser ab. Diese Interdependenz bestimmt auch die gegenseitigen Formen der Beziehung. Das ehrfurchtsvolle Verhalten der Schriftsteller gegenüber dem Leser wird in der Parabel ebenso einer ironischen Kritik unterzogen wie die entsprechenden Verhaltensformen des ursprünglichen Verhältnisses, in dem die singuläre Position des schöpferischen Dichters, so fordert es die Konvention, durch die Ehrfurcht des Lesers unterstrichen wird. Im dialektischen Verweis der kritisch-ironischen Beschreibung wird gerade auf die Bedeutung des gegenseitigen Respektes aufmerksam gemacht, die die Abhängigkeit fordert. Damit aber geht die Parabel weit über die prägnante und leicht eingängige Formulierung eines positiven Begriffes hinaus. Sie setzt vielmehr durch ein komplexes Verfahren die Gedankentätigkeit des Lesers in Gang.

Ganz ähnlich funktioniert etwa die Parabel *Eine Nachfeier* (S. 61f.), in der der auf den Olymp versetzte Goethe – von Vater Zeus liebevoll-vertraut nur „Wolfgang" genannt – nach einem ihn endlich wieder einmal verehrenden Publikum verlangt, dem er, so Goethe „aus den wunderlichen Werken meiner olympischen Periode" vorlesen kann. Vater Zeus erfüllt ihm den Wunsch und im „nächsten Augenblick war Goethe umringt von einer Schar fast noch kindlicher Jünglinge und Mädchen". Sie umschwärmen ihn, flehen ihn an und beschwören ihn – doch Goethe schweigt. Er schickt die junge Schar schließlich weg. Vater Zeus ist verwundert und fragt ihn nach seinen Gründen. Goethe antwortet bedrückt, daß sie Autographen von ihm haben, ihn gar interviewen wollten. „Die meisten werden aber doch", versucht Vater Zeus ihn zu trösten, „nach den Werken deiner olympischen Periode gefragt haben." „Nein", entgegnet ihm Goethe. „Die meisten wollten mir die ihren vorlesen."

Auch hier steht wieder die witzige und gekonnt pointierte Zeitkritik im Vordergrund. Doch wird durch eine dialektische Bewegung die Zeitkritik umgeformt in eine Reflexion auf die Bedingungen, die den Witz der Parabel ermöglichen. Den Anspruch auf Verehrung, den der in sich eingesponnene „olympische" Goethe fordert, beruht auf dem von der Konvention allgemein akzeptierten und erwarteten Verhalten – und eben dies wird durch die ironische Charakterisierung des „olympischen" Goethe zumindest in Frage gestellt. Die Parabel endet nicht mit einer abschließenden Präsentation eines

Begriffs, sondern sie hält im Gegenteil die Bewegung des Denkens offen.

Die Auseinandersetzung mit der Gattung der Parabel gewinnt bei der Ebner zuweilen auch die Form hermeneutischer Selbstbesinnung parabolischer Darstellung. Ein kurzes Beispiel ist *Der Lastträger*

> Ein schwer beladenes, mageres Eselchen wurde von einem kräftigen, wohlgenährten Esel eingeholt, der mit seiner kaum spürbaren Last munter einhertrabte. Als dieser sah, wie geduldig der arme Mühselige seine Bürde schleppte, blieb er stehen und ließ auch die eigene ihm auf den Rücken gleiten:
> „Du trägst schon so viel", sagte er, „so trag auch das!" (S. 96)

Die Parabel[29] bedient sich hier nicht nur des herkömmlichen, ihr eigenen Moments der abhebbaren Didaxe, sondern auch deren immanenter Bewußtseinsform, welche nun hier die „Lehre" zu tragen hat. Wie in Lessings, Herders oder auch Krummachers Erzählungen wird der pointierte, das Vor-Urteil des Textbeginns korrigierende Handlungsumschlag vom Erzähler durchgespielt. Doch wird nun der Leser in die „parabolische" Bewegung dieses Stückes mit hineingezogen. Der antithetische Umschlag des Parabelgeschehens, von der durchaus freundlichen Annäherung des kräftigen Esels zur Ausnutzung des schwachen durch den kräftigen, erscheint nicht als zufälliger Schicksalsschlag, sondern als eine von der Passivität des schwachen Esels herausgeforderte Reaktion. Das rhetorische Strukturphänomen der Parabel, die pointierte Wende der Handlung, tritt bei Ebner, fern schnellfertiger Lehre, in seiner besonderen dialektischen Qualität hervor. Die Hilflosigkeit des mageren Esels, die gerade Hilfe verhindert, veranschaulicht einen Prozeß, den zwar nicht der

Esel vollzieht, aber eben deshalb dem Leser bewußt wird. Er wird ihm nicht nur bewußt im rezeptiven Nachvollzug des Geschehens mit seiner paradoxen Wendung gegen die berechtigte Hilfsbedürftigkeit des schwachen Esels und gegen den eigenen rezeptiven Mitleidsaffekt. Vielmehr hat der Leser, einbezogen in die Dynamik der Handlung, die die unangebrachte Passivität des schwachen Esels erweist, lesend schon vollzogen, was diesem fehlt, nämlich die Einsicht in die Notwendigkeit der dialektischen – der „parabolischen" – Bewegung des Denkens und Handelns. Nur sie bewährt sich im gesellschaftlichen Umgang.

In den Parabeln der Ebner geht es also zum einen um die Denkweisen, aus denen die richtigen Handlungen folgen sollen, es geht um moralische Begriffe, die zur „Nachahmung" empfohlen werden, oder um die an einem Begriff anschaulich gemachte Kritik an Zuständen und Verhaltensweisen. In dieser Beziehung bleibt die Ebner in dem Rahmen, den die Gattung der Parabel bereitstellt. In einer ganzen Reihe ihrer Parabeln geht es aber auch um die Formen des Denkens, die konventionelle Normen und Muster in Frage stellen können.[30] Indem sie das Besondere der Parabel, die das Allgemeine eines Begriffs oder einer Sentenz zur Anschauung bringt, in ein Besonderes übersetzt, d.h. es in Frage stellt, und indem sie es in die offene Reflexion überführt, macht sie das nur Formale jenes Anspruchs auf Besonderheit deutlich. So aber kann die Parabel prinzipiell in zwei Richtungen über- bzw. unterschritten werden. Einerseits werden im Erzählprozeß selbst die „blinden Implikationen" der Parabel, d.h. jene Implikationen der moralischen Dimension der Parabel, die thematisch nicht zur Sprache kamen, entfaltet und auf eine Geschichte hin überschritten, deren Überschuß an Determinanten die Reduktion auf den moralischen Satz oder die Idee, nicht mehr ohne Rest zuläßt. Andererseits können durch die

Reduktion auf einen aphoristisch prägnanten, sich stets aber offenhaltenden Gedanken ebenfalls diese „blinden Implikationen" freigesetzt werden, indem die Ebner sie zum Gegenstand des Reflektierens macht, das sich der Unausschöpflichkeit seines Gegenstandes bewußt ist. So aber wird letztlich die Einsinnigkeit der Parabel in Frage gestellt, indem es gleichsam zu einer sekundären narrativen Besetzung kommt. Denn die Explikation „blinder Implikationen" hat die Infragestellung der Priorität des Allgemeinen zur Folge, dem die Parabel entsprang. Eine solche neue narrative Besetzung aber ermöglicht den Wechsel der implizierten Einstellung von „Nachahmung" bzw. der anempfohlenen Ablehnung moralisch tadelnswerten Verhaltens zur „Beurteilung".

Die Ebner nutzt die dialektischen, die „parabolischen" Möglichkeiten der Gattung, nicht nur in „didaktischer", sondern auch in literarästhetischer Hinsicht. Denn dadurch, daß sie in einer Reihe ihrer Parabeln die paradigmatische, die belehrende Tendenz in die offene, die syntagmatische Bewegung des Denkens, der Reflexion bringt, eröffnet sie der Parabel neue gestalterische Formen, die durchaus auf Tendenzen weisen, die wenige Jahrzehnte nach der Ebner etwa von einem Bert Brecht aufgegriffen werden. Man könnte diese Tendenzen, diese Bewegungen selbst noch in der Komposition der Parabelsammlungen nachweisen und zeigen, wie hier durch Gegensatz, Umschlag, Verkehrung, wie eben durch „parabolische" Bewegungen Gruppen von Parabeln vor-, dann gegeneinandergestellt werden. Dies im einzelnen zu zeigen, würde hier jedoch zu weit führen.

In ihren Parabeln weitet die Ebner die rein didaktischen und paradigmatischen Tendenzen dieser Gattung aus, spöttisch und ironisch greift sie Fragen der Zeit auf, kritisch reflektiert sie moralische Begriffe und Normen. Als Parabeldichterin, die kritisches, offenes Denken und zugleich die meisterhafte Beherrschung der literarischen Form auszeichnet, ist Marie von Ebner-Eschenbach erst noch zu entdecken. Die vorliegende Sammlung möge einen ersten Anstoß dazu geben.

Norbert Gabriel

Anmerkungen zum Nachwort

Einige Passagen des Nachworts wurden aus einem Vortrag übernommen, den ich anläßlich des von Karl Konrad Polheim veranstalteten Bonner Symposions zum 75. Todestag der Marie von Ebner-Eschenbach im November 1991 gehalten habe. Zusammen mit den anderen Vorträgen wird er in einem von Karl Konrad Polheim herausgegebenen Sammelband (Peter Lang, Bern) publiziert werden.

1 Fritz Martini: Deutsche Literatur im bürgerlichen Realismus 1848–1898. 3., mit einem ergänzenden Nachwort versehene Aufl. Stuttgart 1974, S. 496.

2 Jiři Vesely: Tagebücher legen Zeugnis ab. Unbekannte Tagebücher der Marie von Ebner-Eschenbach. In: Österreich in Geschichte und Literatur 15 (1971), S. 211–241.

3 So Ingrid Aichinger: Harmonisierung oder Skepsis? Zum Prosawerk der Marie von Ebner-Eschenbach. In: Österreich in Geschichte und Literatur 16 (1972), S. 483–495; siehe auch Karlheinz Rossbacher: Marie von Ebner-Eschenbach. Zum Verhältnis von Literatur- und Sozialgeschichte am Beispiel von *Krambambuli*. In: Österreich in Geschichte und Literatur 24 (1980), S. 87–106.

4 Helga H. Harriman: Marie von Ebner-Eschenbach in Feminist Perspective. In: Modern Austrian Literature 18 (1985), S. 27–38.

5 Das ist das große Verdienst der von Karl Konrad Polheim herausgegebenen *Kritischen Texte und Deutungen*, Bd. I: Marie von Ebner-Eschenbach: *Unsühnbar*. Kritisch herausgegeben und gedeutet von Burkhard Bittrich. Bonn 1978, Bd. II: Marie von Ebner-Eschenbach: *Božena*. Kritisch herausgegeben und gedeutet von Kurt Binneberg. Bonn 1980, Bd. III: Marie von Ebner-Eschenbach: *Das Gemeindekind*. Kritisch herausgegeben und gedeutet von Rainer Baasner. Bonn 1983.

6 Vgl. etwa Gerhard Neumann: Ideenparadiese. Untersuchungen

zur Aphoristik von Lichtenberg, Novalis, Friedrich Schlegel und Goethe. München 1976. Neumann erweist den Aphorismen der Ebner Respekt, greift aber vielleicht doch etwas zu kurz, wenn er sie allein unter die „Politische Aphoristik" rubriziert (vgl. etwa S. 786, 792f., 796 oder 799). Ausführlicher abgehandelt werden die Aphorismen der Ebner bei Harald Fricke: Aphorismus. Stuttgart 1984 (= Slg. Metzler 208; Abt. E: Poetik). Dort über die Ebner – unter der Überschrift „Reifezeit des Genres" – die Seiten 113–119, mit dem abschließenden Urteil: „Unter den Großen der literarischen Aphoristik hat Marie von Ebner-Eschenbach wohl die ausgereiftesten und, wenn man so will, die ‚normalsten' Aphorismen geschrieben; in ihr hat die Gattung die ideale Mitte." (S. 119) Etwas blaß geraten ist das Nachwort von Ingrid Cella zu dem von ihr herausgegebenen Band Marie von Ebner-Eschenbach: *Aphorismen*. Stuttgart 1988 (rub 8455), S. 63–69. Eine kritische und vollständige Edition der *Aphorismen* steht noch aus.

7 Fritz Martini, a. a. O. (= Anm. 1), S. 497.

8 Marie von Ebner-Eschenbach: *Parabeln, Märchen und Gedichte*. Berlin 1892; wiederabgedruckt in M. v. E.-E.: Gesammelte Werke. Berlin 1893, Bd. 1, S. 89–181 unter dem Titel *Parabeln und Märchen* sowie in M. v. E.-E.: Sämtliche Werke. Berlin o. J. [1920], Bd. 3, S. 655–710.

9 Marie von Ebner-Eschenbach: *Altweibersommer*. Berlin 1909; wiederabgedruckt in: M. v. E.-E.: Sämtliche Werke. Berlin o. J. [1920], Bd. 6, S. 485–543.

10 Parabeln finden sich auch in *Aus einem zeitlosen Tagebuch* (Marie von Ebner-Eschenbach: *Aus einem zeitlosen Tagebuch*. Berlin 1916; wiederabgedruckt in M. v. E.-E.: Sämtliche Werke. Berlin o. J. [1920], Bd. 4, S. 619–680), doch stehen sie hier neben Aphorismen, autobiographischen Aufzeichnungen und literarischen Notizen.

11 Die Insistenz der Ebner, den Gattungsbegriff „Parabel" auch für die kurzen Stücke, die in dem Band *Altweibersommer* versammelt sind, beizubehalten, belegt u. a. eine Notiz in ihrem Tagebuch. In Zusammenhang mit ihrer Arbeit an diesem Band notiert die Ebner am 15. Februar 1908: „Westermann

schickt heute schon die Korrektur der 3 Parabeln (er nennt sie Aphorismen) ‚Ein großer Sünder', ‚Die Stufe', ‚Ein Dunkelthier'. Umgehend zurück geschickt." Am 11. April vermerkt sie im gleichen Zusammenhang: „Arbeit an den Parabeln".

12 Johann Gottfried Herder: *Vom Geist der Ebräischen Poesie.* In: Sämtliche Werke. Hrsg. von Bernhard Suphan. Berlin 1877ff., Bd. 12, S. 6–14. – Einen ausführlichen Überblick über die geschichtliche Entwicklung der Parabel findet man bei Theo Elm: Die moderne Parabel. Parabel und Parabolik in Theorie und Geschichte. München 1982, S. 27–90; ders.: Die Rhetorik der Parabel. Historische Modelle. In: Theo Elm u. Hans H. Hiebel (Hgg.): Die Parabel. Parabolische Formen in der deutschen Dichtung des 20. Jahrhunderts. Frankfurt a. M. 1986 (= stm 2060), S. 9–41. Man vgl. auch Rüdiger Zymner: Uneigentlichkeit. Studien zur Semantik und Geschichte der Parabel. Paderborn 1991.

13 Aristoteles: *Rhetorik.* Übers. u. hrsg. von Franz G. Sieveke. München 1980 (= UTB 159), III, 16. – Quintilian: *Institutio oratoria.* Hrsg. v. H. E. Butler. Cambridge/London 1959ff., V, 11, 5–6.

14 Heinrich Lausberg: Handbuch der literarischen Rhetorik. 2 Bde. München ^{2}1973. Bd. 1: § 843 und 844; zum Begriff der „Similitudo" vgl. § 422.

15 Georg Wilhelm Friedrich Hegel: *Vorlesungen über die Ästhetik I.* Werke. Frankfurt am Main 1986 (= stw 613), Bd. 13, S. 82.

16 Johann Wolfgang Goethe: *Wilhelm Meisters Wanderjahre.* Hamburger Ausgabe. Hrsg. von Erich Trunz. 9. überarb. Aufl. München 1977, Bd. VIII, S. 162.

17 Arthur Schopenhauer: *Parerga und Paralipomena.* In: *Sämtliche Werke in 5 Bänden.* (Insel-Ausgabe) (o. J.), Bd. 5, S. 600.

18 Friedrich Theodor Vischer: *Ästhetik.* Stuttgart 1857, § 925, S. 1465.

19 Erwin Wäsche: Die verrätselte Welt. Ursprung der Parabel. Lessing – Dostojewskij – Kafka. Meisenheim 1976, S. 69.

20 Werner Heldmann: Die Parabel und die parabolischen Erzählformen bei Franz Kafka. Diss. Münster 1953, S. 9f.

21 Wilhelm Emrich: Franz Kafka. Königstein/Ts. [9]1981 (= Athenäum – Taschenbücher 2174), S. 78.

22 Norbert Miller: Parabel als „Lehre“ und „Vorgang“. Brecht und Kafka. In: Die Parabel. Parabolische Formen in der deutschen Dichtung des 20. Jahrhunderts. Hrsg. von Theo Elm und Hans H. Hiebel (= Anm. 12), S. 255–267. (Der Aufsatz von Miller erschien zuerst 1959.)

23 So Rüdiger Zymner in seinem Buch: Uneigentlichkeit. Studien zur Semantik und Geschichte der Parabel (= Anm. 12), S. 254ff.

24 Hans-Henrik Krummacher: Friedrich Adolph Krummacher. In: Neue Deutsche Biographie. Berlin 1982, Bd. 8, S. 123–125. Friedrich Sengle: Biedermeierzeit. Stuttgart 1972, Bd. 2, S. 124–128.

August Koberstein: Grundriß der Geschichte der deutschen National-Litteratur. Leipzig 1866, Bd. 3, S. 3213.

25 Gottfried Keller: Sämtliche Werke und Ausgewählte Briefe. München [4]1979, Bd. 3, S. 1251.

26 Karl Konrad Polheim: Nachwort. In: Adalbert Stifter: *Der Waldgänger*. Hrsg. von Karl Konrad Polheim. Berlin 1990, S. 116–145; hier S. 141.

27 André Jolles: Einfache Formen. Studienausgabe der 5., unver. Aufl. Tübingen 1974 (= Konzepte der Sprach- und Literaturwissenschaft 15), S. 10.

28 Zum sprachtheoretischen Hintergrund dieser beiden Begriffe vgl. Heinz Happ: „syntagmatisch“ – „paradigmatisch“. Zur Bedeutung und Klärung zweier Grundbegriffe der Sprachwissenschaft. Heidelberg 1985 (= Reihe Siegen, Bd. 55).

29 Diesem Beispiel freilich könnte man den Einwand entgegenhalten, daß es sich doch offenkundig um eine Fabel handle. Doch ist das – zugegebenermaßen – schwache Argument, daß die Ebner selbst keinen Unterschied mache, in ein starkes zu verwandeln, wenn man es in historischer Perspektive betrachtet. In einer Zeit, in der der – Fabel und Parabel gemeinsame – Bezug auf ein verbindliches, moralisches Normsystem, vor dessen Hintergrund die intendierte Auslegung der „Lehre“ sich entfalten kann, zunehmend problematisch wird, schwin-

den die Differenzierungen „lehrhafter" Rede. Wo diese traditionellen Gattungsformen historisch fragwürdig und sie gleichsam nur noch „zitathaft" verwendet werden, vollzieht sich eine Transformation der Gattungen, deren Konvergenzpunkt die Überwindung der „Lehrhaftigkeit" – also die fundamentale Spannung zwischen ‚allgemeiner' Lehre und ihrer Gestaltung im ‚Besonderen' – hin zur unabschließbaren Reflexion ist, wobei dann die Frage, ob man es mit anthropomorphisiertem, also einer Fabel, oder rein menschlichem Figural zu tun habe, an Bedeutung verliert.

30 Vgl. zum Folgenden grundsätzlich Karlheinz Stierle: Geschichte als Exemplum – Exemplum als Geschichte. Zur Pragmatik und Poetik narrativer Texte. In: Ders.: Text als Handlung. Perspektiven einer systematischen Literaturwissenschaft. München 1975 (=UTB 423), S. 14–48.

Inhalt